Ruth Maria Kubitschek

Anmutig älter werden

Ruth Maria Kubitschek

Anmutig älter werden

Mit 32 Fotos

nymphenburger

Alles, was lebt, lebt im Licht.
Alles, was existiert, strahlt Licht aus.
Alle Dinge empfangen ihr Leben
Vom Licht
und dieses Licht ist in seiner
Wurzel selbst Leben.
Paracelsus

Inhalt

Die Chance erkennen

Es bleibt einem gar nichts anderes übrig, als älter zu werden. Die Frage ist nur, wie. Am klügsten wäre es, anmutig älter zu werden. Anmutig heißt, dass man sich nicht gehen lassen darf, es beinhaltet Disziplin und Aufrichtigkeit sich selbst gegenüber. Was vorbei ist, ist vorbei, dem sollte man nicht nachweinen.

Ich versuche, immer im Moment zu sein, da, wo das Leben stattfindet. Es ist nicht vorher, es ist nicht nachher, sondern nur jetzt. Und im Jetzt ist auch alles nicht so schlimm.

Im Prozess des Älterwerdens lassen wir mehr und mehr Unwesentliches los. Wir haben die Chance, den Ereignissen und den Entscheidungen gelassener gegenüberzutreten. Unsere Sicht auf die Dinge verändert sich. Wir sind zu mehr Akzeptanz bereit und haben auch den Mut, einmal deutlich Nein zu sagen. Was jedoch auch immer passiert auf unserem Weg – wir sollten den Humor nie verlieren!

Bei vielen Menschen, die ich kenne, ob Mann oder Frau, ist das Alter mit einem großen Makel behaftet, vor allem mit einer großen Angst, zum Beispiel nicht mehr geliebt zu werden, nicht gesund zu bleiben oder zu verarmen; vielleicht sogar das Erinnerungsvermögen zu verlieren und abhängig von der Hilfe anderer zu werden. Dies sind alles berechtigte Sorgen, denen man sich aber nicht hingeben darf.

Heute bin ich zweiundachtzig und ich erschrecke nicht einmal bei der Zahl, weil ich mich innerlich gesünder und jünger fühle als mit vierzig.

Als ich vierzig wurde, stand die Zahl wie ein schwarzes Tor vor mir, durch das ich nicht hindurchgehen wollte. Ich sah nur Dunkelheit und konnte mir nicht vorstellen, dass dahinter noch Möglichkeiten voller Schönheit und Lebendigkeit auf mich warten würden.

Die schmerzhaften Verluste hatten sich schon in meinem Gesicht eingegraben, der Körper war auch nicht mehr das, was er einst gewesen war. Von nun an ging ich auf die fünfzig zu, was sollte da noch Aufregendes passieren?

So wurden die Jahre zwischen vierzig und fünfzig meine schwersten Jahre als Frau und als Schauspielerin ohne nennenswerte Erfolge. Heute weiß ich, es lag an meinem Denken, dass ich mir selbst diese Jahre so schwer gemacht habe – weil ich nur Dunkelheit sah. Deshalb konnte auch nichts anderes entstehen. Andererseits hatte ich mich in dieser Zeit so satt, dass ich mein Leben auf diese Weise nicht mehr weiterleben wollte. Ich wartete nicht länger auf die Hand, die sich mir von außen reichen würde, sondern suchte meine Stärke im Inneren.

1964 »Die schöne Helena« im Bayerischen Fernsehen.

Denn das Komische ist: Das Leben schert sich nicht um deine Ängste, es geht einfach weiter. Du wirst mit jedem Tag älter – ob du es willst oder nicht. Doch du hast es in der Hand, ob du unter dieser Tatsache leidest. Diese Wahl bleibt jedem von uns.

Mit dem Wissen von heute hätte ich damals das schwarze Tor der Angst spielerisch durchtanzt. Denn das Leben fängt überhaupt erst an, wenn man durch Verluste und Enttäuschungen eine gewisse Leidensfähigkeit entwickelt hat und sich davon nicht bestimmen lässt.

Ich habe verstanden, dass ich selbst für alle Ereignisse in meinem Leben die Verantwortung trage, habe aufgehört,

11

die Schuld bei anderen zu suchen und schaue immer, dass ich meine Sicht auf schwierige Situationen prüfe und mir überlege, wo ich mich ändern könnte – und nicht die anderen!

Als mir das klar wurde, was sehr lange gedauert hat, hörte ich mit meinem Gejammer auf.

Sie werden sich nun vielleicht fragen, was das mit anmutig älter zu werden zu tun hat: nach meiner Erfahrung, sehr viel. Wenn ich mit vierzig Jahren anfange, mein Leben in meine Hände zu nehmen, genügend Humor habe, um die Nackenschläge abzufangen, gehen die Mundwinkel nicht nach unten. Keine Bitterkeitsfalten bilden sich im Gesicht.

Selbst in den Fünfzigern schafft man es noch, Fehler abzufangen, die sich im Gesicht eingraben wollen. Sogar mit sechzig Jahren kann man noch das Schlimmste verhindern.

Gesichtsmassage

Jeden Morgen massiere ich mein Gesicht mit Gesichtsöl von Dr. Hauschka und meinen Körper mit Mandelöl. Die nun folgende Gesichtsmassage habe ich von Benita Cantieni für mich etwas abgewandelt. Ich halte sie für sehr wirkungsvoll.

Alle Muskelpunkte sollten mindestens zwanzigmal aktiviert werden.

Dazu höre ich meist flotte Musik, die mich rhythmisch unterstützt und mich fröhlich macht.

❖ Ich beginne mit dem Gesichtsmuskel vor der Mitte des Ohres. Vor den Ohren ist rechts und links eine kleine Einbuchtung, darunter liegt ein ganz wichtiger Muskel für das Gesicht. Mit dem Mittelfinger aktiviere ich mit einem leichten Druck diesen Punkt.

❖ Dann fasse ich mit den Händen hinter meine Ohren und erfühle mehrere kleine Einbuchtungen, in die ich meine Finger mit leichtem Druck lege und auch diese Muskeln aktiviere.

❖ Danach fahre ich mit meinen beiden Händen vom Haaransatz mit den Fingernägel kratzend nach oben, nehme meine Haare und ziehe mein ganzes Gesicht an den Haaren nach oben.

❖ Dann massiere ich meine Kopfhaut in kreisenden Bewegungen.

❖ Im Anschluss lege ich den rechten Arm angewinkelt, die Finger von oben kommend, an den Haaransatz oben, an die Mitte der Stirn, und die linke Hand kommt an das Kinn. Das Kinn ziehe ich nach unten, die Stirn ziehe ich mit der rechten Hand entgegengesetzt nach oben.

13

❖ In der Mitte der Stirn ist ebenfalls so eine quer verlaufende Einbuchtung, die ich auch mit den Fingerspitzen aktiviere.

❖ Jetzt lege ich meine Hände (jeweils drei Finger) auf die Augenbrauen, am Beginn der Augenbraue, in der Mitte der Augenbraue und am Ende der Augenbraue.

❖ Weiter aktiviere ich mit leichtem Druck der Zeigefinger meine Nasenwurzel zwischen den Augen.

❖ Unterhalb der Augenränder werden mit vier Fingern ebenfalls die versteckten Muskeln mit einem leichten Druck aktiviert.

❖ Dann wandern meine Hände zu den Schläfen. Auch sie erwecke ich mit leichtem Druck. Ebenso die rechten und linken Hamsterbäckchen am Kinn (so bekommt man keine Hängebacken).

❖ Dann aktiviere ich die Mundmuskeln, indem ich rechts und links meine Hände an den Mund lege.

❖ Danach lege ich meine Handflächen auf meine Wangen und mit leichtem Druck werden auch diese durchblutet.

❖ Ich spanne nun mein Gesicht an und ziehe die Ohren nach hinten, ohne zu krampfen, vielleicht sogar mit einem Lächeln. Dann entspanne ich das Gesicht wieder.

❖ Nicht vergessen: zwanzig Mal.

❖ Mein ganzer Kopf, Gesicht und Hals bekommen mit allen meinen Fingerkuppen nun eine leichte Klopfmassage.

Das ist mein natürliches Facelifting, das ich nur allen Frauen empfehlen kann. Es hilft auch bei Kopfschmerzen.

Das Wichtige tun

Gerade als ich meine Mitte gefunden hatte und auf keinen Fall mein selbstbestimmtes Leben aufgeben wollte, rannte ich, mit vollem Bewusstsein, in eine neue Liebe zu einem wirklich wunderbaren Mann. Obwohl ich genau wusste, dass es nicht gut gehen konnte. Erstens war er verheiratet, zweitens ein Homme aux femmes, um es schmeichelhaft auszudrücken. In dieser Liebe ging es für mich um Leben oder Tod, Sein oder Nicht-Sein. Und bevor ich ausgelöscht würde, musste ich mich trennen.

Heute ist mir bewusst, wie richtig und wichtig diese Beziehung für meinen weiteren Weg gewesen ist, denn trotz oder vielleicht gerade wegen all der Schmerzen und der ständig kreisenden Fragen in meinem Kopf begab ich mich noch intensiver auf die Suche nach dem Sinn des Lebens, meines Lebens.

Jede Frau sollte sich bewusst werden, dass sie nicht darauf warten kann, von einem Mann das gewünschte Glück zu erfahren. Und ein Mann natürlich auch nicht von einer Frau. Zuerst einmal sollte man lernen, in sich glücklich zu

1972 Fernsehdreh in Cornwall von »Sie hätten im Sommer kommen sollen«. Vom Wetter her hätte ich auch wirklich im Sommer kommen sollen.

werden. Dazu gehört auch, die Grenzen seiner Schmerzerfahrung auszuloten: Was halte ich überhaupt aus? Lasse ich mich brechen oder nicht? Du kannst Opfer werden oder du erhebst dich aus dem Schmerz und aus der Erfahrung weitest du dein Leben. Dann erst hast du die Möglichkeit, das Glück wahrzunehmen, diese Kostbarkeit eines Augenblicks überhaupt zu sehen, zu fühlen. Glück ist immer nur ein Moment. Nichts ist dauerhaft.

Durch meine Verletztheit traf ich viele Menschen, denen es aus verschiedenen Gründen so ähnlich ging wie mir. Das Leben reichte mir seine weisheitsvolle Hand. Ich bekam Bücher voller Wissen, die in mir eine Explosion auslösten: Die Größe des Lebens war mehr als mein kleiner Schmerz. Die Bücher waren wie ein Aha-Erlebnis, das ich eigentlich gesucht hatte. Bis dahin war ich nur im Vorzimmer von Gott herumgeirrt und hatte mich nicht weitergetraut. Jetzt könnte mir die Möglichkeit gegeben werden, dass ich ihn eines Tages erreiche.

Da geschah der Unfall von Tschernobyl, der mich zutiefst entsetzte. Diese Katastrophe riss mich letztendlich aus meinem privaten Schmerz.

Wir leben mit einer Energie für unseren Wohlstand, die tödliche Folgen für den gesamten Planeten haben kann. Ich hatte das Gefühl, ich müsse etwas tun, was die Menschen wachrüttelt und aufweckt. Also ging ich in die Redaktion einer großen Illustrierten in Hamburg und bat die Verantwortlichen, in ihrer Zeitschrift auf die Gefahren der Atomenergie hinzuweisen. Ich machte den Vorschlag, in mehreren großen Städten Informationsstände aufzubauen, für die ich mich zur Verfügung stellen wollte. Ich war zwei-, dreimal in der Redaktion. Man hörte mir dort zwar höflich zu, aber die Antwort war: »Wenn in Hamburg mit Krümmel etwas passiert, haben wir ja zwei Ausfahrtstraßen.« Damals waren es nur zwei Straßen. Ich fand die Antwort etwas zynisch.

Das war also nicht mein Weg. Doch ich musste etwas tun. Nur was? Wie sollte ich als Schauspielerin, die sowieso nicht ernst genommen wird, die Menschen auf die Kostbarkeit der Erde und des Lebens aufmerksam machen? In dieser Zeit las ich einen Satz von Jakob Böhme, dem philosophierenden spirituellen Schuster aus Schlesien, der sehr wichtig für mich wurde: »Gehe in die Stille und die Probleme lösen sich von selbst.«

Morgengebet

Dieses In-die-Stille-Gehen wurde die Quelle meiner Kraft. Jeden Morgen zünde ich auf einem kleinen Altar, den ich mir gebaut habe, drei Kerzen an. Dann spreche ich das Morgengebet der Chelas (Schüler der Meister). Weil es keine Bitten enthält, liebe ich es sehr. Was ich sehr verblüffend finde, ist, dass sie ebenso zu Christus beten.

Ich beginne diesen Tag und alle Dinge sind völlig in Gott
getaucht,
in Gott und seinen Überfluss.
Der siegreiche Christus tritt hervor mit dem Überfluss
Gottes, in jeder Betätigung des Tages.
Ich weiß, dass ich Gottes erhabenes Kind bin.
Jede Bewegung des Heute ist erfüllt von Gott und von
Gottes heiliger Liebe.
Gott! Gott! Gott!
Die große Flamme der Liebe strömt durch jedes Atom
meines ganzen Wesens.
Ich bin die lautere goldene Flamme Gottes.
Ich durchflute mit dieser heiligen Flamme meinen
physischen Körper.
Der siegreiche Christus grüßt Dich, Gott, mein Vater.
Friede! Friede! Friede!
Der große Friede Gottes steht erhaben!
AMEN

Kreativität leben

Bei meinem inneren Rückzug kam mir die Idee, Märchen zu schreiben, um das Kind im Erwachsenen auf die Schönheit und Kostbarkeit der Natur aufmerksam zu machen.

Mein äußerer Rückzugsort wurde ein Schwimmbad am Untersee, wo ich bereits viele Sommer verbracht hatte. Dort schrieb ich die Märchen. Die Menschen, die mich umgaben, wurden die Heldinnen und Helden meiner Geschichten. Besonders Gerda Schäfli, die das Herz, die Seele und der General dieses Schwimmbades war. Ihre Güte äußerte sich laut und heftig. Da sie selbst keine Kinder hatte, zog sie fremde Kinder auf. Diese liebten sie und nannten sie »meine Sonne«.

Die Besucher des Bades mussten jeden Tag ohne Widerrede ihre wunderbaren selbst gebackenen Kuchen vertilgen. Nach jedem dort verbrachten Sommer war – nicht nur – ich deshalb einige Kilo schwerer.

Ich las den Menschen im Schwimmbad meine Märchen vor und sie wurden als wahrhaftig empfunden. Bei einem Event in München erzählte ich einer Journalistin von mei-

nem Märchenprojekt. Die Geschichten gefielen ihr, sie wollte diese gerne in ihrer Zeitschrift drucken, allerdings nur dann, wenn ich selbst Bilder dazu malen würde. Wie bei Zeitschriften so üblich, sollte das Ganze natürlich auch noch sehr schnell geschehen.

Ich fragte meine Schwester, wo ich einen ruhigen Ort zum Malen finden könne. Da sie am Chiemsee wohnte, schlug sie mir das Kloster Frauenwörth auf der Insel Frauenchiemsee vor. Gesagt, getan. Ruthchen wollte schon lange heilig werden. Nichts wie hin ins Kloster mit all meinen Malutensilien.

22

Im Kloster stellte sich heraus, dass eine der Nonnen ein professionelles Atelier hatte, sie malte Ikonen. Sie war wie ich aus Tschechien und wir verstanden uns auf Anhieb. Hocherfreut erhielt ich die Erlaubnis, in ihrem Heiligtum zu arbeiten. Von ihrem Atelier aus hatte man einen wunderbaren Blick auf den Chiemsee und den Wilden Kaiser – doch ich malte den Untersee und seine Kirschbäume.

Morgens um vier Uhr ging ich mit den Nonnen, alles studierte Frauen, in die Frühmette. Sie lasen aus dem Alten Testament und ich war entsetzt, weil ich nun einen drohenden, rachsüchtigen Gott kennenlernte. Mit der Bibel in der Hand hatte ich vor Jahren Israel bereist, doch so schlimm war mir der Gott des Alten Testaments nicht vorgekommen. Die Atmosphäre dieser morgendlichen Andacht hatte für mich etwas sehr Bedrückendes und Unheimliches und ich freute mich zu dieser frühen Stunde schon auf das immer köstliche Mittagsmahl im Gästeraum des Klosters.

Trotz des Malens und der wunderschönen Landschaft wurde ich von Tag zu Tag müder. In meiner hübschen Klosterunterkunft war nachts der Teufel los. Ich fürchtete mich und saß meist mit angezogenen Beinen im Bett. »Das gibt es doch nicht, was ist denn mit mir los?«

Geschafft von der Frühmette, der Arbeit im Atelier und den schlaflosen Nächten ging ich mittags auf der kleinen Klosterinsel spazieren. Da traf ich zufällig den Pfarrer, der morgens die Messe las. Er sah mich an und meinte, ich sei doch wie das blühende Leben hier angekommen und jetzt sähe ich aus wie der blühende Tod.

»Sind Sie etwa krank?«

»Nein, Herr Pfarrer, ich wage es gar nicht auszusprechen, aber ich kann keine Nacht schlafen. Bei mir im Zimmer ist die Hölle los«, stotterte ich herum. »Sind das etwa Teufel?«

Der Herr Pfarrer lachte schallend, er konnte sich gar nicht mehr beruhigen. »Ja natürlich sind das Teufel. Der einzige Ort, wo es Teufel gibt, ist im Kloster, weil die Nonnen an ihn glauben. Jetzt kommt so ein Licht daher wie Sie und schwupp sind alle Teufel in Ihrem Zimmer.« Noch immer lachend, lud er mich ein, einen Kaffee mit ihm zu trinken und den selbst gebackenen Kuchen seiner Nichte zu probieren.

Sie zeigte mir, wie man leckersten belgischen Kaffee kocht, und der Kuchen war köstlich. Aber was sollte ich gegen diese Teufeleien tun? »Das Beste ist, Sie gehen in die Klosterbibliothek und holen sich Bücher über Engel, in denen auch Engel abgebildet sind. Diese drapieren Sie um Ihr Bett und am besten auch in Ihr Bett. Folgen Sie meinem Rat und schlafen Sie nie mehr in einem Kloster. Und noch eine Bitte, kommen Sie nicht mehr zur Frühmette, denn da fegen die Giftpfeile der Nonnen von links nach rechts und zurück und Sie sind mittendrin. Das haben Sie nicht verdient.«

»Aber ich wollte doch …«

»Heilig werden«, beendete er meinen Satz. »Das sehe ich Ihnen an. Ich glaube Ihr inneres Licht wird Sie schon führen. Heilig brauchen Sie nicht zu werden.«

Ich folgte seinem Rat, ging in die Klosterbibliothek und fand ein Buch, das mich ins Reich der Engel führte, »Bleibt ihr Engel, bleibt bei mir« von Walter Nigg und Karl Gröning, das mich begeisterte.

Ich beschäftigte mich mit allen Erzengeln und der Engelhierarchie, die ich bis dahin nicht gekannt hatte. Mein Klosterzimmer verwandelte sich wirklich durch die Anwesenheit der Engel, die ich rief. Es war eine tiefe Erkenntnis, dass ich Engel tatsächlich rufen konnte und sie mir ihre Hilfe zur Verfügung stellten.

In der Bibliothek fand ich außerdem die Geschichte über den bayerischen Herzog Tassilo, der von Karl dem Großen zum Tode verurteilt und dann begnadigt worden war. Karl der Große verbannte ihn jedoch in ein Kloster nach Frankreich, riss die Familie auseinander, Tassilos Söhne wurden in Klostergefängnisse gesteckt, ebenso seine Frau, die er nie wiedergesehen hat. Nach vielen Jahren besuchte Karl der Große auf einem seiner vielen Feldzüge das Kloster Jumigiès und ließ sich vom Abt das Kirchenschiff zeigen. Da sah er einen alten blinden Mönch, der von einem großen feurigen Engel durch diese Kirche geführt wurde. »Wer ist dieser Mönch, der von einem feurigen Engel geführt wird? Den möchte ich kennenlernen.«

Als Karl in der Zelle dem blinden Mönch gegenüberstand, erkannte er Tassilo. Die Legende besagt, dass Karl der Große erschüttert auf seine Knie fiel und den Mönch um Verzeihung bat.

Die Geschichte Tassilos berührte mich tief und ich habe sie mein Leben lang nicht vergessen. Ein Mensch, der so misshandelt worden war, wurde in seiner Not von einem feurigen Engel begleitet.

War es ein »Zufall«, dass Tassilo das Kloster Frauenwörth, in dem ich mich gerade befand, gegründet hatte?
Mit diesen Erlebnissen und den fast fertigen Bildern fuhr
ich nach München zurück.
Die Illustrierte brachte einen Vorabdruck und mein erstes
Buch »Engel, Elfen, Erdgeister«, das ich aus Erschütte-
rung über das Unglück von Tschernobyl geschrieben hatte, kam heraus. In den Medien erntete ich nur Spott. »Jetzt
spinnt sie, das Spatzl.«

Malen, um still zu werden

Das Malen war für mich auch ein Weg, um still zu werden. Das weiße Papier und ich und die Farbe und das, was entstehen soll auf diesem weißen Blatt oder auf dieser weißen leeren Leinwand, erfordern eine schöpferische tiefe Ruhe, eine Stille, die nichts anderes zulässt als das, was du malen willst. Die Welt und ihre und meine Probleme versinken im Tun.

Erfolg ist eine Art Prüfung

*M*anchmal ist Erfolg schwerer zu ertragen als keinen Erfolg zu haben. Erfolg ist immer nur kurzfristig, wie ein Glücksmoment ziemlich schnell vorbei. Es gibt erfolgreiche Menschen, die ganz einfach geblieben sind, vielleicht sogar durch den Erfolg demütiger wurden, andere wiederum verlieren die Bodenhaftung und drehen durch – hauptsächlich die Männer.

Mit dreiundfünfzig habe ich »Monaco Franze« mit Regisseur Helmut Dietl gedreht. Es war eine wunderbare Arbeit, eine schöne Zeit. Außerdem wurde es ein großer Erfolg. Heute ist es eine Kultserie! Wie sehr hatte ich mir in meinem Schauspielerleben Erfolg gewünscht. In diesem Beruf wird dein Wert immer nur am Erfolg deiner letzten Arbeit gemessen. Das Besondere am »Monaco Franze« war, dass die Menschen in Bayern sich mit Helmut Fischer und seiner Rolle identifizierten. Jeder Mann in München und Umgebung fühlte sich als Stenz und jeder Mann wünschte sich so eine kluge, verständnisvolle Frau wie das Spatzl.

Der Erfolg breitete sich über Österreich, wo »Monaco Franze« im Hauptabendprogramm gesendet wurde, auch in das übrige Deutschland aus. Doch in Bayern war die Geschichte zu Hause, genauer gesagt in München. Helmut Dietl hatte nicht nur in »Monaco Franze«, sondern auch in der späteren Serie »Kir Royal« genial Regie geführt.

Jetzt hatte ich den lang ersehnten Erfolg. Doch in mir, meinem sogenannten Gefühlsleben, hatte sich nichts verändert. Ich spürte, dass Erfolg nicht satt macht, seelisch meine ich. Ich wurde dadurch nicht glücklicher, sondern die Sehnsucht nach etwas, was ich für ein erfülltes Leben hielt, wurde mit jedem Tag größer.

Wenn ich im Englischen Garten oder auf der Straße spazieren ging, wurde ich von den Menschen freundlich angelächelt. »Ja mei, ja mei, unser Spatzl. Da freue ich mich, dass ich Sie sehe.« Es tat gut, es wärmte mich. Aber wollte ich das wirklich? War das der Sinn meines Lebens? War das die Gabe des Erfolges, die mir Erfüllung bringen sollte?

Ich fühlte meine innere Leere nur umso deutlicher. Ich saß in meiner großen, schön eingerichteten Wohnung in Schwabing und las immer wieder die fünf Bände von Baird Spalding »Das Leben und die Lehren der Meister im Fernen Osten«. Ich schrieb mir die Gebete daraus auf, lernte sie auswendig. Ihre Lehre besagt, dass alles nur von unserem Denken abhängt. Was dachte ich den ganzen Tag für einen Unsinn? Was quatschte da ununterbrochen in meinem Kopf? Es war so laut in mir, dass ich am liebsten vor mir selbst ausgerissen wäre.

Wenn ich es mit mir nicht mehr aushielt und Zeit hatte, fuhr ich nach Salenstein an den Untersee. Schon in Meersburg beim Anblick des Bodensees, der in seinem klaren, weichen Licht dalag und leuchtete, hörte die Debatte in mir auf. »Was soll ich machen? Bin ich in dem Beruf noch richtig? Warum hat man Erfolg – und dann kommt lange Zeit wieder kein Angebot?«

Existenzängste zerrten an meinen Nerven, interessanterweise genau dann, als sich das einstellte, was ich mir ein Leben lang gewünscht hatte. Obwohl ich in der Zwischenzeit so viel gelesen hatte, so viel wusste, fiel ich immer wieder in irgendwelche Ängste, es gab so viele und ich hatte sie anscheinend alle gepachtet.

Wenn ich in Salenstein in meinem Zimmer ankam und auf den See und die Insel Reichenau blickte, fühlte ich mich wie mit einer Samtdecke eingehüllt, beruhigt, aufgehoben, aufgefangen, umarmt. Dieser Ort hat mein Leben verändert.

Meine Ängste konnte ich nur beruhigen, indem ich mich jeden Morgen, wie eine Ertrinkende, in meine Meditation hineinschmiss und nur auf den Atem achtete.

Kurzmeditation

❖   Wie immer zünde ich auf meinem Altar drei Kerzen an und spreche ein Gebet.

❖   Danach konzentriere ich mich auf meinen Atem. Ich atme bewusst tief ein und aus, öffne meine Chakren, besonders das Kronenchakra am Scheitel. Gedanken, die kommen, lasse ich vorüberziehen. Ich beurteile sie nicht.

❖   Über mir visualisiere ich einen riesigen kosmischen Scheinwerfer, dessen Licht ich einatme. Es fließt in jede Zelle, in jedes Organ meines Körpers, bis ich nichts anderes mehr denke und fühle als dieses Licht.

❖   Es umhüllt und erfüllt mich ganz und gar. Mit meinem Atem breite ich es aus, bis es nicht nur mich, sondern den ganzen Raum, in dem ich mich befinde, umfasst. Ich schicke das Licht durch das ganze Haus, durch meine Umgebung. Alles wird in dieses Licht eingehüllt.

❖   Ich beende meine Meditation, indem ich das Licht über meine Füße an die Erde abgebe. Ich fühle mich geerdet und ruhig.

Es gibt keine Zufälle

Ich bin davon überzeugt, dass es keine Zufälle gibt. Alle Ereignisse, die geschehen, sind von langer Hand vorbereitet.

1963 hatte ich in München an den Kammerspielen Premiere von »Othello«. Ich war 1958 aus der DDR geflüchtet, hatte in Celle Theater gespielt und, Gott weiß warum, engagierte mich Kortner für die Rolle der Lampito in »Lysistrata«, eine Fernsehproduktion mit der jungen Romy Schneider und Barbara Rütting. Damals sagte er zu mir: »Wenn ich jemals den ›Othello‹ inszenieren sollte, spielen Sie die Emilia.«

Kortner hielt Wort. Ich wohnte in München in einem möblierten Zimmer, hatte keinen Besitz und kaum etwas zum Anziehen. Mein Sohn Alexander war damals sechs Jahre alt und lebte bei meinen Eltern.

Vor jedem Theaterabend hatte ich furchtbare Angst. Die Angst oder das Lampenfieber, wie man es in unserem Beruf nennt, tobte in mir bis zu dem Moment, in dem ich endlich auf der Bühne stand. Die Zeit bis dahin war meistens furchtbar und endlos lang. Am Tag der Premiere für

»Othello« war ich beim Friseur im »Hotel Vier Jahreszeiten«. Heute gibt es ihn nicht mehr. Der Friseurbesuch war völlig unnötig, denn ich trug abends als Emilia eine Perücke. Doch ich traf beim Friseur zufällig, wie man zu sagen pflegt, einen Freund von der Schauspielschule in Halle. Wir hatten uns vierzehn Jahre nicht mehr gesehen. Hardy freute sich sichtlich und fragte mich, wie es mir gehe und was ich so mache.

»Ach«, jammerte ich. »Ich habe heute Abend Premiere in den Kammerspielen, Othello.«

»Was, das ist ja wahnsinnig. Gibt es dafür noch Karten?«

»Ich habe noch zwei, du kannst sie gerne haben. Ich kenne niemanden in München.«

Überglücklich zog er mit den Karten ab. Er wollte mit seinem Freund kommen.

Die Premiere war sehr wichtig für mich, doch was wirklich eine Veränderung in meinem Leben hervorbrachte, war die Begegnung mit Hardy. Ich bekam von seinem Freund Dr. Norman Budgeon einen Korb Blumen und eine Einladung ins Schloss Salenstein in der Schweiz.

An meinem ersten freien Tag setzte ich mich in den Zug nach Rorschach. Hardy und die Haushälterin Erna holten mich – natürlich mit einem Rolls Royce – am Bahnhof ab. Sollte mich ein solcher Empfang nach all den bisherigen Kämpfen meines Lebens nicht umhauen? Ich habe gestaunt und mich gefreut. Als wir auf der Landstraße hinter Tägerwilen von einem Hügel aus auf den Untersee, in dessen Mitte die Insel Reichenau elegant im Wasser liegt, blickten, sagte ich aus vollem Herzen: »Hier möchte ich leben.«

Hardy meinte trocken: »Das Landle-
ben ist nichts für dich. Du machst erst
einmal Karriere.«
Wir kamen in das wunderschöne
Schloss aus dem elften Jahrhundert, zu dem zwei große
Riegelhäuser im Schlosshof auf der linken Seite gehören.
Im Eingang rechts stand ein großes altes Bauernhaus, Kat-
zenhaus genannt. Ich wurde in ein typisch englisch einge-
richtetes Zimmer verfrachtet. Vor 14.00 Uhr wollte Norman, Hardys Freund, keine Frau sehen. Hardy hielt sich
an die Regel. Er hatte offensichtlich Schiss, ob das mit mir
gut gehen würde. Nun, es ging gut. Norman hatte mein

*Mein trauriger Freund
Hardy bei einem Treffen in
München.*

Spiel gefallen. Er fand, ich sei eine faire Frau, mit der man befreundet sein könne.

Von nun an war ich in diesem Schloss immer willkommen. Norman hatte es sehr englisch, in angenehmen Farben und funktionell eingerichtet. Es war gemütlich, nicht zu groß und doch nicht zu übersehen, da oben auf dem Berg. Man blickte über den ganzen Untersee, den Radolfzellersee, den Gnadensee und die Insel Reichenau. Ich habe Schloss Salenstein als einen außerordentlich spirituellen Platz empfunden.

Hardy, der seinen Schauspielerberuf und seine Karriere für seinen reichen Freund Norman, den er liebte, aufgegeben hatte, war bei all dem Reichtum und der Sicherheit an Normans Seite, der immer behauptete, ein Multi-Multimillionär zu sein, zutiefst traurig, einsam und verzweifelt. Er erlebte nun meinen Weg fast zu intensiv mit. Ich war ihm nicht ehrgeizig genug, hatte zu wenig Erfolg und außerdem in seinen Augen immer die falschen Männer. Sein Freund Norman freute sich jedoch über jeden männlichen Besuch, den ich mitbrachte. So ging es mit den beiden viele Jahre.

In den Achtzigerjahren behauptete Norman, die Russen würden doch noch kommen. Hardy, der immer eigenartiger wurde, hatte sich im Dorf mit allen verkracht und wollte nur noch weg, weit weg.

Sie kauften ein Schloss auf den Bermudas. Dies war weit genug entfernt. Ich hatte dort auch meine »Ruthlis Räume«, aber es war eben auch für mich sehr weit. Hardy wurde immer unglücklicher und bei einem meiner Besuche merkte ich, dass er trank. Betrunken fuhr er mit mir auf den schmalen Straßen zum Meer. An einem traumhaften Strand mit seinem rosafarbenen Sand gab es eine lange Aussprache.

Norman hatte einen neuen jungen, lustigen Freund, der Friseur war. Hardy hatte all diese Männer neben ihm mit Fassung ertragen, wusste er doch, dass er eines Tages alles erben würde. Nun hatte er keine Kraft mehr. »Stehe doch zu deinem Alter, deinem Aussehen. Du bist doch ein Mensch mit Talenten. Ohne deine Hilfe und Nähe wäre Norman erledigt.« Schon indem ich das sagte, spürte ich, dass ich Hardy nicht mehr erreichen konnte.

Kurze Zeit später kam er mich in München besuchen, tod-, todunglücklich. Er konnte nicht mehr auf den Bermudas leben, nicht mehr mit Norman, aber auch nicht ohne ihn. Seine Mutter, die am Bodensee in einem Altenheim lebte, starb zu dieser Zeit. Somit hatte er keine Verpflichtung mehr, er war frei. Da nahm er sich im April im Bodensee das Leben. Diesen Mut hatte ich ihm nicht zugetraut. Wir suchten ihn überall und fanden ihn nicht. Nach vierzehn Tagen gab ihn der See in der Nähe des Konstanzer Yachthafens wieder frei. Seine Jacke hatte er dort an einen Baum gehängt.

Norman war nun untröstlich.

»Ruthli, please come. Save my life.«

Der neue junge, lustige Freund plante, Norman abends vor dem Fernseher von hinten mit einem Hammer erschlagen zu lassen, da Norman ihm versprochen hatte, dass er im Testament großzügig bedacht sei.

Leider hatte der lustige Friseur das in einer Bar mit einem dortigen Gangster besprochen, der diese noch nicht geschehene Tat bei der Polizei meldete, weil er selbst noch etwas Schlimmeres verbrochen hatte. Der Freund wurde des Landes verwiesen und Norman versank in tiefe Trauer.

Ruthli sollte jetzt helfen. Ich dumme Gans flog natürlich gleich auf die Bermudas, auch noch auf meine Kosten. Der Multimillionär nahm das einfach so hin.

Beim Abendessen in einem feudalen Restaurant bat er mich zu bleiben, mit ihm zu leben, und alles, was Hardy erben sollte, sei für mich. Norman war kein uninteressanter Mann, aber meine Freiheit aufzugeben wegen Geld?

»Nein, Norman, das kann ich nicht.«

Auf eigene Kosten flog ich wieder zurück.

Das ist in Kurzform die Geschichte von Hardy und Norman, die mich 1963 an den Untersee nach Salenstein brachten und mich lehrten, noch mehr auf meinen eigenen Füßen zu stehen und die Verantwortung für mein Leben nicht aus meinen Händen zu geben.

Kraftquelle Natur

Wo auch immer ich bin, brauche ich die tägliche Berührung mit der Natur, einen Spaziergang im Wald oder am Wasser. Oder einfach dazusitzen, einen Baum anzuschauen, mich an ihn anzulehnen, seinen Energiestrom zu spüren und dankbar zu sein für die Schönheit, die sich da vor mir ausbreitet.

Diese innere Ruhe und Konzentration habe ich auch, wenn ich drehe. Auch wenn viele Menschen um mich herum sind, bin ich dann mit meiner Rolle allein. Ich bin ganz bei mir. Das ist fast wie eine Meditation.

Freunde fürs Leben

Nachdem ich Schloss Salenstein als meinen Sommersitz verloren hatte, schaute ich mich in dieser Gegend, die mir so gut tat und die mich inspirierte für alle meine Bilder und Bücher, nach Ersatz um.

Inzwischen war Wolfgang Rademann der wichtigste Mann in meinem Leben geworden. Da er die Bodenseeregion mit ihren blühenden Obstbäumen ebenso liebte wie ich, suchte er mit mir ein kleines Domizil in Salenstein, das wir in einem alten, umgebauten Bauernhaus fanden. Ich liebte dieses Dachzimmer mit Blick auf die Reichenau vom ersten Moment an.

Besonders genoss ich es, dass mein Sohn Alexander ganz in meiner Nähe in Konstanz lebte. Für meine Entwicklung war dieser kleine, ruhige Ort sehr wichtig. Ich schrieb und malte und meine Fernsehwelt war weit weg. Mit fünfzig Jahren hatte ich mich entschlossen, nicht mehr Theater zu spielen, auch keine Tourneen mehr zu machen, die meist unter katastrophalen Umständen stattfanden und an meiner Gesundheit und meinen Nerven nagten. All das lag hinter mir. Daran war ich gewachsen und, ohne

Schaden zu nehmen, achtundfünfzig geworden.

Das Komische ist, obwohl ich so viele Ängste in meinem Leben habe, hatte ich, nachdem ich die Zahl vierzig überlebt habe, überhaupt keine Angst mehr vor dem Älterwerden. Es fühlte sich gut an, vor allem, wenn ich in meinem kleinen Dorf war.

Ich kann mir vorstellen, dass jeder Mensch in seinem Leben durch ein Ereignis oder ein Unglück oder durch eine schicksalhafte Fügung an den Ort geführt wird, der für ihn bestimmt ist. Oft hören wir nicht auf die Signale oder haben nicht den Mut für eine Veränderung.

Noch etwas Wichtiges passierte am Untersee für mich. Ich hörte, dass in Leustetten bei Jutta Vogler, in der Nähe von Heiligenberg auf der anderen Seite des Sees, ein Meditationsseminar stattfinden sollte. Da ich es noch nicht aufgegeben hatte, heilig zu werden, machte ich mich sofort auf den Weg. Nichts wie hin.

Wir waren ungefähr zwanzig Menschen aus den verschiedensten Berufen und Bereichen. Dort lernte ich den berühmten Maler Friedrich Hechelmann kennen, der den Gott der Natur, Pan, genauso verehrte wie ich. Jeder von uns schrieb später ein Buch über Pan.

Wir meditierten über die sieben Strahlen und ihre verschiedenen Kräfte, die diese sieben Flammen entfalten können. Der violette siebte Strahl wurde zu meinem kraftvollsten Helfer. Man kann dieses violette Licht der Reinigung, Umwandlung und Freiheit in jedes negative Ereignis visualisieren und hineinsenden, um die Auswirkungen zu wandeln.

Meditation mit der violetten Flamme

Die violette Flamme ist meine Lieblingsflamme, weil wir diese in der jetzigen Zeit am meisten brauchen. Wir können alle unsere negativen Gedankenformen wie Angst, Wut, Hass, Verzweiflung in dieses violette Licht einhüllen. Wir bitten um Verzeihung, damit die Kraft dieser barmherzigen Flamme diese Dunkelheit in und um uns erlöst.

Das violette Feuer ist eine intelligente Substanz, die von jedem benutzt werden kann, für sich selbst, sein Heim, seine Angelegenheiten, sogar für den ganzen Planeten. Die Schwingung erhöht sich sofort und bringt Freiheit.

Zum Beispiel:

»In Namen meiner Gottgegenwart Ich Bin rufe ich die mächtige umwandelnde violette Flamme in starker dynamischer Tätigkeit hervor. Ich bitte jetzt all meine vergangenen und heutigen Irrtümer, ihre Ursachen und ihre Wirkungen und alles unerwünscht Erschaffene, wofür ich selbst verantwortlich bin, in meinem physischen Körper zu reinigen und umzuwandeln.

Ebenfalls bitte ich mit der ganzen kosmischen Kraft des violetten Lichtes auch meinen Gefühlskörper, meinen Gedankenkörper und Ätherkörper von alten Mustern zu reinigen, die ich heute nicht mehr brauche. Weiterhin bitte ich, alle Blockaden, alle Verkrustungen, die sich in meinen Körpern befinden, durch die violette Flamme zu lockern, zu reinigen und umzuwandeln, damit die ursprüngliche Reinheit wieder erwachen kann.

Ich danke den Kräften des violetten Lichtes für ihre Hilfe.« (Textquelle: Brücke zur Freiheit e. V.)

Stellen Sie sich das violette Licht genau vor, auch wenn Sie es vor Ihrem geistigen Auge nicht sehen. Es wirkt trotzdem. Vor allem in Städten sollte man immer wieder seine Wohnung und das Haus, in dem man lebt, mit violettem umwandelndem Licht durchfluten.

Es waren inhaltsvolle Meditationstage. Lauter verwandte Seelen trafen sich in dieser von der Natur verwöhnten Landschaft. Ich war in Röhrenbach in einem wunderschönen Haus untergebracht. Die Besitzerin, Hicke Brust, war eine geniale Inneneinrichterin. Sie hatte ihr verwinkeltes Haus mit viel Geschick zu einer Einheit verbunden. Am liebsten wollte ich gar nicht mehr weg, wollte diese Schönheit festhalten und so fragte ich Frau Brust, ob ich noch bleiben könne. »Natürlich, bei uns ist morgen Fastnachtsfest, da müssen Sie mitkommen, das ist urkomisch, die Dorfbewohner gestalten es selbst.«

»Um Himmels willen, keine Fastnacht, Narrenveranstaltungen habe ich in meinem Leben genug gehabt. Ich will nur die Ruhe und Ihr schönes Haus genießen.«

Hicke, wie ich Frau Brust inzwischen nannte, ließ nicht locker. »Sie kommen mit, basta.« Doch sie bekam keine Karte für mich, weil niemand im Narrenbüro glaubte, dass die Frau Kubitschek in Heiligenberg in die Veranstaltung gehen wollte. Außerdem gab es keinen Platz mehr. Aber Hicke bemühte sich weiter. Sie rief den Banker von Salem, Herrn Huber an, der in Heiligenberg wohnte. Inge, seine Frau, war begeistert, mich kennenzulernen, und gab mir eine Karte an ihrem Tisch.

Als wir uns am Abend gegenüberstanden, Inge und ich, war es, als ob wir uns aus ewigen Zeiten kannten. Ich hatte eine Freundin gefunden, mehr als eine Freundin, einen absolut verlässlichen Menschen, eine bekannte und geliebte Seele. Noch heute wundere ich mich, auf welch wunderliche Weise Inge und ich zusammengeführt wurden.

Kein Anfang und kein Ende

*I*nge und ich sind verwandte Seelen. Daran glaube ich und ich bin mit diesem Glauben nicht allein. Im Hinduismus und anderen alten Religionen sind die Vorstellung der Reinkarnation und das Wissen, dass wir nicht nur einmal auf die Erde kommen, tief verankert. Doch der Dalai Lama scheint der einzige Mensch zu sein, bei dem das weltweit akzeptiert wird.

Für uns Menschen ist es wichtig zu wissen: Es gibt keinen Tod. Das Leben hat keinen Anfang und kein Ende. Das Ende jedes irdischen Lebens ist ein Übergang und eine Geburt in die geistige Welt. Die Inkarnation in diesem Leben ist nur eine Erfahrung, eine Stufe in unserem langen Sein. Manchmal erscheint uns diese Erfahrung gut, manchmal schlecht, manchmal sogar furchtbar. Manchmal ist es tröstlich zu wissen, dass wir in diesem Leben vielleicht das Erbe aus einem anderen Leben abtragen müssen. Manchmal haben wir unverschämtes Glück, dann haben wir dieses Glück im letzten Leben verdient.

Im kosmischen Gesetz gibt es keine Ungerechtigkeit, es ist völlig neutral und arbeitet so genau wie ein Computer, allerdings ohne die Abstürze unserer menschlichen Computer.

Wir müssen das Licht des ursprünglichen göttlichen Feuers in unseren Körpern wieder erwecken. Paracelsus sagt: »Alles, was lebt, lebt im Licht. Alles, was existiert, strahlt Licht aus. Alle Dinge empfangen ihr Leben vom Licht und dieses Licht ist in seiner Wurzel selbst Leben.«

Es gibt wunderschöne Kirchen für Gott, atemberaubende Tempel für Buddha, leuchtende Moscheen, die goldene Kuppeln für Allah tragen, doch diese sind von Menschen gebaut. Unser Körper ist das Werk Gottes, vollkommen und ein wahres Wunder. Und dieser Körper soll, wie die katholische Kirche jahrtausendelang behauptet, in Sünde geboren sein? Kein Kind wird in Sünde geboren, und sei der Zeugungsakt noch so abgründig. Das Kind ist rein. Die Seele bringt ihre Erfahrungen, ihr Leid, ihr Glück, ihre möglichen Krankheiten mit in dieses irdische Leben.

Unser physischer Körper ist der einzige lebendige Tempel Gottes. Dieser Körper ermöglicht uns, Erfahrungen zu machen, zu wachsen und zu reifen. Es ist immer wieder unbegreiflich, was er alles kann, alles tut, um uns am Leben zu erhalten, am Leben teilhaben zu lassen. Doch wie gehen wir mit diesem Körper um?

Ohne diesen Körper könnte sich unsere Seele nicht entwickeln. Wir haben alle eine göttliche vollkommene Urzelle in uns, die uns erzählen könnte, wer wir sind. Wir haben nur völlig verlernt, ihr zu vertrauen, ihr zuzuhören.

Unser Körper ist uns quasi geliehen, um die Aufgaben, Erfahrungen und Lernmöglichkeiten unserer Seele in diesem Leben zu Ende zu bringen.

Meine Freundin Inge und ich bei meinem ersten Seminar in Kißlegg.

Aber wir sollten ihn nicht am Ende kaputt und verbraucht, krank oder dement an die Erde oder an das Feuer übergeben. Wir haben es in der Hand, wohin unser Leben sich neigt. Und mit allem, was wir tun, bestimmen wir auch unsere Zukunft. Ist unser Handeln rein und mitfühlend, häufen wir kein schlechtes Karma an. Alles im Leben ist Arbeit an sich selbst, Disziplin, Wertschätzung, Achtsamkeit, Dankbarkeit und Loslassen.

47

Was heißt Karma, werden Sie fragen. Eigentlich beantworten zwei einfache Sprichwörter diese Frage: »Wie es in den Wald hineinschallt, so schallt es wider.« Oder: »Was du nicht willst, das man dir tut, das füg auch keinem anderen zu.«

Unser Tun fängt schon beim Denken an! Es sind nicht nur unsere Handlungen, die Karma schaffen, sondern auch unser Denken und Sprechen. Unserem Denken, Reden und Handeln eine liebevolle Ausrichtung zu geben ist eine lebenslange Aufgabe – zumindest für mich.

Das Karmagesetz der Gerechtigkeit arbeitet nicht schnell. Du kannst dein Fehlverhalten, deine Grausamkeit anderen gegenüber in vielen Leben abarbeiten. Auch ein Satz im Alten Testament weist darauf hin, dass man die Schuld bis ins fünfte Glied, also bis in die fünfte Inkarnation, tragen muss, das heißt, keiner deiner Nachfahren, sondern immer wieder du allein bist für deine Taten verantwortlich.

Zu diesem Thema möchte ich eine Geschichte aus dem Büchlein »Die Reinkarnation« von Omraam Mikhael Aivanhov erzählen. Aivanhov war Bulgare und kam nach Frankreich, um zu lehren. Er selbst hat keine Bücher geschrieben, seine Schüler haben seine Vorträge aufgezeichnet. Er war ein wunderschöner älterer Mann mit einer weisheitsvollen Ausstrahlung. Er erinnerte mich an Sri Yukteswar Giri, dem Lehrer Yoganandas, der einen ebenso charaktervollen Kopf hatte. Du kannst bei diesen Männern das Wissen und die Spiritualität greifen, sie springen dich aus ihren Augen an. Ihre weißen Haare haben eine ganz besondere Ausstrahlung. Du siehst, dass sie siebzig Jahre oder älter sind, aber das spielt keine Rolle. Ihre innere Schönheit überstrahlt jede Jahreszahl. Leider leben diese beiden bedeutenden Lehrer nicht mehr unter uns.

Doch nun zu der Geschichte.

Jesus erfährt eines Tages, dass Johannes ins Gefängnis gekommen ist, und in der Schrift heißt es dann nur: »Als Jesus von der Gefangennahme des Johannes erfuhr, zog er sich nach Galiläa zurück.« Einige Zeit darauf wurde Johannes auf Befehl des Herodes enthauptet.

Nach seiner Verklärung fragten die Jünger Jesus: »Warum sagen die Schriftgelehrten, dass Elia zuvor kommen muss?« Und Jesus antwortet: »Es ist wahr, dass Elia kommen und alles richten muss, aber ich sage euch, Elia ist schon gekommen. Sie haben ihn jedoch nicht erkannt, sondern mit ihm getan, wie sie es wollten.« In der Schrift heißt es weiter: »Dann verstanden die Jünger, dass er von Johannes dem Täufer sprach.«

Daraus geht klar hervor, dass Johannes die Wiedergeburt von Elia war.

Übrigens berichten die Evangelien auch, dass ein Engel Zacharias, dem Vater von Johannes, erschien, um ihm zu verkünden, dass seine Frau Elisabeth einen Jungen zur Welt bringen würde, und er sagte: »Er wird vor Gott hergehen in Geist und Kraft des Elia.«

Schauen wir uns nun einmal das Leben des Propheten Elia an, um herauszufinden, warum er enthauptet wurde, als er sich später als Johannes der Täufer wieder inkarnierte. Das ist eine sehr interessante Geschichte.

Elia lebte zur Zeit des Königs Ahab. Dieser hatte Isebel geheiratet, die Tochter des Königs von Sidon, und ihretwegen betete er Baal an. Elia ging nun hin zu König Ahab und machte ihm Vorwürfe wegen seiner Untreue gegenüber dem Gott Israels und sagte zu ihm: »Es soll diese Jahre weder Tau noch Regen kommen, es sei denn, ich sage es.« Dann ging er auf Weisung Gottes fort, versteckte sich in den Bergen, um so den Verfolgungen des Königs zu entgehen.

Nach drei Jahren hatte die Trockenheit im ganzen Land eine große Dürre hinterlassen. Das Volk litt Hunger und Gott sandte Elia erneut zu Ahab. Sobald der König ihn erblickte, warf er ihm zornig vor, an dieser Dürre schuld zu sein. »Nein«, entgegnete der Prophet, »die Schuld liegt bei dir, da du den Herrn verlassen hast, um dem Gott Baal zu dienen. Jetzt werden wir aber sehen, wer der wahre Gott ist. Befehle, dass alle Propheten des Baal sich auf dem Berg Karmel versammeln sollen.« So wurden alle Propheten zusammengerufen und Elia sprach: »Bringt nun zwei Stiere herbei. Wir wollen zwei Altäre errichten, einen für Baal und einen für den Herrn. Die Propheten sollen Baal anrufen und ich werde den Herrn anrufen. Der Gott, der durch das Feuer antwortet, ist der wahre Gott.«

Die Propheten machten den Anfang. Vom Morgen bis zum Mittag riefen sie ihren Gott an.

»Baal … Baal … Baal gib uns Antwort.«

Aber es kam keine Antwort und Elia spottete: »Ruft ein wenig lauter, damit er euch hört. Vielleicht ist er beschäftigt oder er ist unterwegs oder aber er schläft.« Die Propheten riefen noch lauter und da sie auch Magie praktizierten, machten sie sich Einschnitte am Körper, weil sie hofften, durch das ausfließende Blut Larven und Elementargeister anzuziehen, die dann Feuer an den Altar bringen sollten. Doch es geschah nichts.

Darauf sprach Elia:»Das ist nun genug. Man bringe mir zwölf Steine.« Mit diesen Steinen baute er einen Altar, um den ein Graben gezogen wurde. Auf die Steine legte er Holz, auf das Holz den zerlegten Stier. Dann ließ er alles mit Wasser übergießen und füllte auch den Graben damit. Nun war alles bereit und Elia rief den Herrn an:»Herr, Gott Abrahams, Isaaks und Israels, lass heute kund werden, dass Du Gott in Israel bist, dass ich Dein Diener bin und dass ich alles nach Deinem Wort getan habe.«

Und das Feuer fiel mit solcher Gewalt vom Himmel, dass es alles verzehrte. Es blieb weder etwas vom Opfertier übrig noch vom Holz, von den Steinen oder vom Wasser. Das entsetzte Volk erkannte, dass der wahre Gott der Gott von Elia war. Darauf ließ Elia, den der Sieg wohl etwas zu stolz gemacht hatte, die 450 Propheten des Baal zu einem Bach hinführen, wo er ihnen den Kopf abschlug. Darum war damit zu rechnen, dass auch er einmal enthauptet würde. Denn es gibt ein Gesetz, das Jesus im Garten Gethsemane ausgesprochen hat, als Petrus sich auf den Diener des Kaiphas gestürzt hatte und ihm ein Ohr abschlug.»Petrus, stecke dein Schwert in die Scheide, denn wer zum Schwert greift, wird durch das Schwert umkommen.«

Allerdings ist in einem einzigen Leben nicht immer die Wahrheit dieser Worte zu erkennen, denn wie ist Elia gestorben? Nicht nur, dass er nicht umgebracht wurde, ihm wurde auch noch ein feuriger Wagen geschickt, mit dem er in den Himmel fuhr. Jedoch erhielt er die Strafe für seine Verfehlung, als er in der Person von Johannes dem Täufer wieder auf die Erde kam. Jesus wusste, wer er war und welches Schicksal ihn erwartet. Darum tat er nichts, um ihn zu retten, obwohl er über ihn Großartiges gesagt hatte. »Unter allen, die vom Weibe geboren sind, gibt es keinen, der größer ist als Johannes der Täufer.« Er hat nichts unternommen, weil die Gerechtigkeit ihren Lauf nehmen musste. Nun wird es klar, warum Jesus das Land verließ, als er von der Gefangennahme erfuhr. Er durfte ihn nicht retten, Gesetz ist Gesetz.

Sehen Sie, so steht die Lehre der Inkarnation auch in der Bibel.

Vielleicht versteht man nach dieser Geschichte besser, was Schmerzen, Krankheiten oder Tod eines geliebten Menschen uns lehren wollen. Es bleibt uns eigentlich nichts anderes übrig, als die Tatsachen zu akzeptieren, anzunehmen, durchzustehen und den Mut nicht zu verlieren. Auf das Wie kommt es an, wie ich mit Schicksalsschlägen umgehe, ob ich mich in meinem Schmerz vergrabe oder ob ich meinen Humor behalte und auch noch lachen kann.

Ein kleines Beispiel aus meinem Leben. Seit meiner Kindheit habe ich Zahnprobleme. Als Vierjährige ertrank ich in einem Schwimmbad, wurde natürlich gerettet, bekam jedoch Paratyphus. Nach der Flucht 1945 bekam ich durch die Berührung mit anderen Flüchtlingen wieder Typhus und verlor mehrere Zähne. Ich hatte jedoch schon als Kind den Traum, Schauspielerin zu werden, und habe mein Leben lang um jeden noch vorhandenen Zahn gezittert, habe immer wieder ein Vermögen zum Zahnarzt gebracht.

Natürlich habe ich mich nicht nur einmal gefragt, warum gerade ich. Ich glaube, diese Frage stellen sich viele Menschen. »Warum gerade ich?« Dies ist nur eines meiner Gebrechen, ich werde sie nicht alle aufzählen, aber es sind derer genug. Ich habe alle Schmerzen mit Humor akzeptiert und mir jeden Tag gesagt:»Wenn du morgens aufwachst und dir nichts mehr wehtut, bist du eh tot.«

Körperwahrnehmung am Abend

Ich bedanke mich jeden Abend bei meinem Körper dafür, dass er mich durch den Tag getragen hat. Meistens mache ich das im Bett, indem ich die Kissen ein bisschen höher lege.

❖ Mit meiner Vorstellungskraft sehe ich wieder den kosmischen Scheinwerfer über mir, der mich ganz und gar in Licht einhüllt. Wenn Sie diese Meditation eine Weile machen, werden Sie das Licht dieses Scheinwerfers physisch fühlen.

❖ Mit meiner Wahrnehmung und Aufmerksamkeit gehe ich zu meiner rechten Körperhälfte. Dies ist meine männliche, kraftvolle, tätige Seite, die sich bei den meisten Menschen auch sehr präsent anfühlt.

❖ Dann spüre ich in meine linke weibliche Seite, meine Weiblichkeit. Da werden Sie spüren, dass sie sich zart anfühlt und eher schwach.

❖ Mit meinem Atem lenke ich das kosmische Licht in meine linke Gehirnhälfte, verweile eine Zeit und lenke es dann in meine rechte Gehirnhälfte.

❖ Ich bedanke mich bei meinem Gehirn, dass es mich bei meinem Denken, Sprechen und Tun nicht im Stich lässt.

❖ Ich lasse das Licht weiterfließen in meine Augen und bedanke mich, dass sie die Welt so sehen, wie sie ist. Sie ist wunderschön.

❖ Ich bedanke mich bei meiner Nase und meinen Gehörgängen. Ganz besonders bedanke ich mich jeden Abend bei meinen Zähnen. Unser Mund ist unsere Quelle der Macht, weil Worte Macht sind. Ich wünsche mir, dass aus meinem Mund kraftvolle, weisheitsvolle, aufbauende Worte in die Welt hinausströmen.

❖ Dann atme ich tief ein und bedanke mich bei meinen Atemorganen, bei meiner Lunge und bei meinem Herzen, dass es diese im Grunde langweilige Arbeit des immer nur Schlagens, immer nur Pumpens so liebevoll durchhält und mir dadurch die Möglichkeit gibt, immer weiter zu lernen.

❖ Ich bedanke mich bei meinem Magen und verspreche ihm, immer Maß zu halten in dem, was ich gedenke jeden Tag zu essen. Das Maßhalten in jeder Beziehung ist eines der wichtigsten gesundheitlichen Versprechen, das man seinem Körper geben kann.

❖ Ich bedanke mich bei meiner Galle, dass sie meine Wutanfälle so wunderbar verarbeitet, und entschuldige mich bei ihr, dass es leider immer noch passiert.

❖ Ich bedanke mich auch bei meiner Leber und bei meiner Niere, die die Gifte, die leider immer wieder in unsere Körper geraten, so tapfer ausscheiden.

❖ Die Milz darf man nicht vergessen, denn sie ist eine Art Verbindungsoffizier, der die Organe untereinander im Gespräch hält.

❖ Ich bedanke mich bei meinen Verdauungsorganen. In der alten Weisheit des Ayurveda weiß man, der Tod liegt im Darm. So bedanke ich mich bei meinem Dickdarm und Dünndarm ganz besonders für diese tägliche Mühe, mich gesund zu erhalten.

❖ Dann schenke ich meinen Hüften ein Lächeln der Dankbarkeit, dass sie mich ohne Schmerzen meinen Weg gehen lassen.

❖ Ich bedanke mich bei meinen Knien, denen ich ein besonders großes Lachen schenke. Ich bewundere, dass sie meine Unachtsamkeit durch öfteres Hinfallen und In-die-Knie-Gehen überlebt haben. Meine Knie haben mich Achtsamkeit gelehrt.

❖ Mein ganz besonderer Dank gilt meinen Füßen. Sie müssen die größte Arbeit tun, weil sie mein Gewicht den ganzen Tag tragen müssen. Ich liebe sie, obwohl sie sehr gebraucht aussehen.

❖ Am Schluss bedanke ich mich noch bei meiner Urzelle, diesem Urlicht. Ich stelle mir vor, dass es zwischen meinen Brüsten liegt. In dieser Urzelle ist die Vollkommenheit, so wie ich gedacht bin, noch vorhanden. Sie wartet im Schlaf darauf, wieder im Licht erweckt zu werden.

Diese Art Gedanken wiegen mich in den Schlaf.
Und wer diese Meditation am Abend ausprobiert, wird merken, dass er leichter einschläft.

Loslassen, was belastet

Der Versuch, heilig zu werden, begleitete mich auch kurz vor meinem sechzigsten Geburtstag. Welcher Weg führte denn um Himmels willen dahin? Indem man alles, was man hat, loslässt, auch das, was man liebt?

In einer schlaflosen Nacht beschloss ich, meine geliebte große Münchner Wohnung aufzulösen und in Salenstein ein eher klösterliches, räumlich beschränktes, einfaches Leben zu führen. Ich konnte meine Jugendstilwohnung in München mit den schönen Möbeln nur loslassen, wenn ich mir eine kurze Frist setzte, nämlich acht Tage, sodass ich gar nicht zum Nachdenken kommen würde. Das hieß, sieben Zimmer aufzulösen, 240 Quadratmeter, eine große Bibliothek, englische Möbel, chinesische Teppiche, Porzellan, Silber, alles, was ich glaubte haben zu müssen, um glücklich zu sein. Alle Erinnerungen, alles bis dahin Erlebte an Liebe, Verzweiflung und Schmerz hing in diesen Möbeln und Dingen und machten die Sache nicht leichter. Inge, meine Freundin aus Heiligenberg, half mir dabei. Ihre heilende Ausstrahlung tat mir wohl. Sie hat die schönsten Kinderhände, unschuldige Hände und wenn sie diese auf schmerzende Stellen legt, vergeht der Schmerz im Nu. Diese Hände konnten zum Glück auch tatkräftig bei der Wohnungsauflösung zupacken.

Die Bücher kaufte ein Händler ganz günstig, die Möbel rissen mir Freunde aus der Boutique Daisy, die meiner Wohnung gegenüberlag, aus den Händen. Meine Schwester bekam ein englisches Chippendale-Zimmer und den großen chinesischen Teppich, mein Sohn holte sich das Esszimmer und die Chesterfield-Couch. Alle bekamen etwas geschenkt. Ich nahm nur ein paar Lampen mit und Geschenke für die Freunde in der Schweiz.

Als ich mit dem Besitzer des Hauses an der Tür stand, war dieser überglücklich über meinen Auszug, weil ich achtundzwanzig Jahre in dieser Wohnung gelebt hatte und meine Miete nicht sehr hoch war. Er streckte mir seine Hand entgegen, um den Schlüssel zu bekommen. Ich gab ihm die Hand zum Abschied, den Schlüssel noch festhaltend, in meiner linken. In diesem Moment erst wurde mir bewusst, dass ich die Wohnung nicht mehr betreten konnte. Ich träumte noch viele Jahre, dass ich wieder zurückkam und in der Wohnung wohnte, und wunderte mich selbst im Traum, dass es möglich war.

Als ich mit meinem kleinen BMW aus München hinausfuhr, hatte ich ein blödsinniges Gefühl der Freiheit. Kein Gepäck mehr, keine zwanzig Fenster zu putzen, kein Silber zu reinigen. Mit was für einem Ballast hatte ich gelebt – so schön er auch gewesen war. Es war wie eine tiefe Befreiung von allem Vergangenem, ich fühlte mich wieder jung und unglaublich unternehmungslustig.

ngekommen in der Schweiz, glücklich mit sechzig.

Eigentlich war es schon das dritte Mal in meinem Leben, dass ich alles zurückließ. Das erste Mal erlebte ich dies 1945 mit dreizehn Jahren. Mit nur einem Rucksack und ohne meine Eltern floh ich mit fremden Menschen von Komotau zu Fuß über das Erzgebirge nach Deutschland. Obwohl es für meine Eltern ein trauriger Anlass war, ihre Heimat und ihren Besitz loszulassen, war ich freudig erregt, von der Mutter erst mal befreit, allein ins Leben, in ein Abenteuer einzusteigen.

Nun, meine Mutter hat mich später wieder eingesammelt. Auch das habe ich überstanden.

Mit achtundzwanzig Jahren verließ ich ohne jede Habe die DDR, Berlin, meine Karriere, meine Ehe für ein Engagement in den Westen. Mein Sohn kam kurz darauf auch nach Celle, nachdem ich ein kleines Nest für ihn gebaut hatte. Damals fehlte natürlich das Gefühl der Glückseligkeit. Heilig wollte ich auch noch nicht werden. Das Loslassen war nicht freiwillig, sondern einfach ein Überlebenskampf und der Wunsch, die Karriere zu machen, die ich in der DDR schon erreicht hatte.

Doch zurück zu meiner dritten, freiwilligen Loslassübung, die ich mir mutig auferlegt hatte. In Salenstein kam ich mit den paar Lampen und Geschenken in meiner kleinen Wohnung an. Das Verflixte war, dass die ganze Welt nicht wollte, dass ich hier die Ruhe, die ich suchte, finden durfte. Menschen belagerten mich mit ihren Problemen. Wir saßen, sprachen, diskutierten, alles auf meinem Bett sitzend. Es war alles andere als einfach, plötzlich ein ganz anderes Leben zu führen.

Und wieder einmal meldeten sich meine Zähne, hinzu kamen Rückenschmerzen und alles tat mir weh. Meine spirituelle Freundin Silvia aus Zürich meinte, es würde nicht meinem Wesen entsprechen, mich so einzuschränken. Ich solle doch auf meinen Körper hören, meine Schmerzen würden mir dies schon die ganze Zeit vermitteln.

Ich wehrte mich, denn ich war ja gerade umgezogen und hatte keine Möbel mehr. Aber sie ließ nicht locker und kam mich besuchen, um mit mir gemeinsam eine Wohnung zu finden.

Damals wurde in dieser Gegend noch nicht so viel gebaut wie heute. Als ich zu ihrem Hotel fuhr, entdeckte ich an der Straße einen großen neuen Häuserblock. Ein Maler lackierte im oberen Stockwerk gerade die Fenster und ich rief ihm zu, ob ich mir einmal die Wohnung ansehen dürfte. »Natürlich, Frau Kubitschek«, rief er. Da war es doch wieder einmal gut, dass mich viele kennen. Ich sah mir die Dachwohnung an und war überrascht von ihrer Schönheit, Großzügigkeit und der weiten Sicht auf den Bodensee bis zu den Bregenzer Alpen – sehr entfernt natürlich – und der bezaubernde Blick auf die Reichenau mit ihrer Pappelallee.

Der nette Maler überließ mir über das Wochenende, es war Samstag, die Schlüssel. Halleluja – ich konnte meiner Freundin Silvia diese Wohnung zeigen. Sie war ebenso begeistert wie ich.

»Die nimmst du, wie teuer sie auch immer ist. Hier hat noch niemand gewohnt, du musst noch keine Altlasten abtragen. Um dich herum sind, neben dieser wundervollen Aussicht, nur Wiesen und Kirschbäume und viel Wald. Genau richtig.«

»Ja, aber …«

»Kein Aber. Du hast ein Bett, einen Tisch und ein paar Lampen, das reicht erst einmal. Du lässt die ›Cäcilienmesse‹ von Gounod durchs Haus erschallen, das zieht gute Geister an und du wirst sehen, das ist jetzt der richtige Schritt.«

Mein selbst auferlegtes mönchisches Dasein war nach drei Monaten beendet. Vielleicht hätte ich in Salenstein in der kleinen Wohnung für mein Heiligwerden mehr tun können.

Die Welt hatte mich wieder.

Loslassen

*I*ch denke, das Loslassen ist eine der wichtigsten Übungen im Leben. Ich zucke immer zusammen, wenn jemand sagt, *meine* Frau oder *mein* Mann. *mein* Haus, *mein* Kind, *mein* Besitz.

In der Endkonsequenz gehört uns nichts. Wir sind Gast auf der Erde. Dein Haus gehört dir eine beschränkte Zeit. Wenn du stirbst, gehört es jemand anderem. Der Mann, die Frau, gehört uns ebenfalls nicht. Er oder sie sind uns in Liebe und Vertrautheit eine gewisse Zeit an unsere Seite gegeben. Aber wenn ich ihn oder sie als meinen Besitz betrachte, kann ich Gift darauf nehmen, dass ich ihn oder sie bald wieder los bin. Das Geheimnis des Lebens heißt loslassen. Erst wenn ich es schaffe, meine große Liebe loszulassen, könnte es möglich sein, dass er oder sie wirklich zu mir gehört. Aber nicht mir gehört.

Vertrauen ins Leben

Ich hatte eine Art Urvertrauen in das Leben, sonst wäre ich in den immer wieder langen Zeiten der Nicht-Beschäftigung kaputtgegangen. Vor allem den Satz »Ich kann nicht« hatte ich in meinem Unterbewusstsein gelöscht. Ich kann alles, was ich will, und immer wieder bestimme ich, was in meinem Leben geschieht und was nicht. Natürlich hat Gott das erste und das letzte Wort. Doch er hilft nur, wenn ich schon ein paar Schritte selbst gegangen bin, auch wenn es in die falsche Richtung war. Die Hauptsache ist, nicht auf der Bank sitzen zu bleiben und zu warten, bis er etwas tut. Er tut erst etwas, wenn du losgezogen bist. Das ist meine Erfahrung.

Nun war ich wieder losgezogen. Das Rasante an der neuen Wohnung war, dass sie gegenüber der Jugendstilwohnung in München völlig modern wirkte, aber dieser in ihrer Großzügigkeit in keiner Weise hinterherhinkte.

In der neuen Wohnung lag ich abends im Bett: »War ich eventuell zu leichtsinnig? Brauchte ich wirklich diese Größe? Wie soll ich sie füllen, um wirklich da zu Hause zu

Mit meinem humorvollen Freund Herbert Arnoldy auf Kleidersuche in Mailand.

sein? Wie sollte ich das bezahlen?«, waren meine letzten Gedanken und morgens meine ersten. Morgens setzte ich mich hin zum Meditieren und wurde dabei ruhig und zuversichtlich. Ich schaffe es. Abends übergab ich an Gott. Und siehe da, es kam ein Filmangebot mit Otto. Ich wollte es erst nicht annehmen, doch nach einem Gespräch mit Herbert, meinem Friseurfreund, sagte ich zu. »Das musst du machen, Ruth. Otto lieben die Kinder und die Intelektuellen«, so war sein Rat.

Dieser Film wurde meine finanzielle Rettung. Obwohl ich vor Zahnschmerzen über die außerordentlichen Gags, die Otto bei den Proben bot, nicht richtig lachen konnte, hat es Spaß gemacht mit ihm. Er ist ein Profi durch und durch und ein angenehmer, sehr gebildeter Mann.

Schauspielerin zu sein ist zwar schön, aber auch schwierig, es ist ein unsicherer Beruf. Eigentlich brauchst du ein großes Ego und Durchsetzungsvermögen, ab und zu sollte man vielleicht auch seine Ellbogen benutzen. Eine große Portion Eitelkeit gehört ebenfalls dazu. Aber was nützt das? Man ist wahnsinnig abhängig von der Mode. Bist du gerade der Typ, der en vogue ist? Hast du einflussreiche Freunde? Hast du das Glück, im richtigen Moment am richtigen Ort zu sein?

Ich hatte Glück. Das Leben fing mich immer wieder auf, war der Abgrund auch noch so tief. Das Hübsche an mir ist, dass ich den Abgrund meist nicht sehe; und wenn ich seiner gewahr werde, bin ich schon auf der anderen Seite angelangt. Ich will das gar nicht beurteilen, blöd oder naiv? Wahrscheinlich beides.

Gesichtspflege am Abend

Man darf sich nie aufgeben. Das Wichtigste für den Erhalt der Schönheit der Haut ist, dass man sich am Abend sorgfältig abschminkt. Als Schauspielerin habe ich gelernt, in einen heißen Waschlappen eine Abschminkmilch zu geben und damit das ganze Gesicht zu reinigen. Auch die Wimperntusche wird damit abgenommen. Leider sehen meine Waschlappen auch so aus.

Nach dieser Reinigung creme ich mein Gesicht sorgfältig ein, nicht zu viel, denn in der Nacht soll die Haut atmen.

Der Natur
Schönheit schenken

1989 als ich mein erstes Märchenbuch schrieb und ich die Geschichten im Schwimmbad von Ermatingen einigen Leuten vorlas, war oft eine junge, hübsche Frau dabei, die sehr witzig war, mich jedoch immer hammermäßig kritisierte. Sie hatte eine unglaubliche Energie, zu viel Energie, wie ich spürte. In Konstanz leitete sie einen Jeansladen und bot mir an, samstags oder sonntags für jegliche Unternehmungen zur Verfügung zu stehen.

Nach dem Einzug in meine neue Wohnung in Fruthwilen kam ich bereitwillig auf dieses Angebot zurück. Als Erstes kaufte ich mithilfe von Heidi, so heißt die junge Frau, einen CD-Player, damit ich die oben erwähnte Cäcilienmesse auch spielen konnte.

Heidi half mir beim Einrichten. Inge, die ich Müsselchen nannte und die etwas weiter weg wohnt, verwaltet meine Finanzen. Sie sagt mir, was ich mir leisten darf und was nicht. Da ich nicht mit Geld umgehen kann, nur gerne ausgebe, ist das sehr wichtig. Wir drei wurden ein gutes Team. Dadurch, dass meine Wurzeln als Kind aus der heimatlichen Erde gerissen wurden, konnte ich als junge Frau in Berlin auch keine Wurzeln in die Erde versenken, denn ich hatte Angst, dass sie mir wieder gewaltsam herausgerissen würden. Ob ich nun hier die Möglichkeit hätte, mich zu verwurzeln, würde sich zeigen.

Als Kramper, so hieß der Schwager von Müsselchen, mir den von ihm aus Tannenholz gefertigten Schrank nach Fruthwilen brachte, lachte er laut: »Ruth, wenn man das F von Fruthwilen weglässt, wohnst du in Ruthwilen.«

Na, wenn das kein Omen ist! Das war keinem von uns aufgefallen.

Die Freundschaft zu Heidi und Müsselchen wurde eine stabile Basis in meinem Leben. Und unser Freundeskreis erweiterte sich. Irgendwie zogen wir drei die Menschen an, die zu uns passten.

Erst nach einiger Zeit in meiner neuen Wohnung fielen mir die alten Apfel- und Zwetschgenbäume hinter meinem Haus auf sowie ein Abgrund, ein wirklicher Abgrund, auf dem Bäume standen. Ich wollte dort nur mal in Ruhe sitzen, da meinte der Bauer von nebenan, der auch Ganter (Auktionator) in unserer bäuerlichen Gegend war: »Das ist Unland, das können Sie kaufen, das ist nicht teuer.«

Kurz entschlossen kaufte ich es, es war wirklich nicht teuer. Den Abgrund hatte ich jedoch noch gar nicht wirklich gesehen, weil er mit Nirli, einer Lianenart, zugewachsen war. Der Bauer erzählte nachher lachend in der Wirt-

schaft: »Jetzt habe ich der Kubitschek den *Saich* verkauft.«

Spätestens vor dem Abgrund wurde mir klar, warum mir das Leben Heidi zugeführt hatte. Ihre Eltern waren Gemüsebauern und sie war gelernte Floristin. Sie verkaufte halt jetzt Jeans, konnte die Größe der Jeans nach der Größe des jeweiligen Hinterns einschätzen und hatte damit Erfolg. Nun schätzte sie die Arbeit ab, die hier auf uns zukam.

Ich war fünfundsechzig Jahre alt und arbeitete mit Heidi vier Jahre hart am Bau des Gartens. Ich wollte der Erde etwas zurückgeben, nicht nur nehmen, was sie uns bietet, und dieses einfach als selbstverständlich verstehen. Ich wollte ihr Antlitz verschönern, Schönheit bauen. Das haben wir, Heidi und ich, redlich versucht und es kam wirklich so, dass dieser Abgrund Schönheit und Harmonie ausstahlt.

Doch wieder einmal hatte ich nicht bedacht, dass der Bau zwar aufwendig und langwierig war und mein ganzes Geld verschlingen würde, doch dass die Pflege mindestens genauso teuer und Geld verschlingend sein würde.

Das Wunderbare war, dass ich jetzt für meine Meditationsgruppe einen Platz hatte, an dem wir in der Natur meditieren konnten. Es kamen von Monat zu Monat immer mehr Menschen.

Heidi gab ihren Job auf und machte sich mit einem eigenen Gartenbetrieb selbstständig. Sie ist seitdem auch der Herrscher meines Gartens, vor jeder Entscheidung sagt sie zwar: »Die Ruth ist die Regierung, sie hat alles zu bestimmen«, aber gemacht wird, was Heidi will.

Von wegen, ich will keinen Besitz! Jetzt hatte ich zu meiner Wohnung, die ich nach dem Ratschlag meines Bankers: »Bei der Miete können Sie sie auch kaufen«, dann letztendlich erworben habe, auch noch ein Stück Land von 2800 Quadratmetern!

An den offenen Sonntagen kamen in den ersten Jahren fünfzig, später zweihundert Menschen in meinen Garten. Das steigerte sich bis zu tausend, die natürlich auch irgendwo parken mussten. Die Kantonalstraße wurde zu einem riesigen Parkplatz. Komischerweise hat man die zahlreichen Besucher im Garten nicht so gespürt. Wir hatten im unteren Bereich des Gartens einen Platz gebaut, dessen Steinboden einen Stern bildete. Darauf fanden etwa hundert Stühle Platz. Im Häuschen im oberen Garten boten wir Kaffee und Kuchen an, alles umsonst.

Ich wollte in den Menschen etwas bewegen, ihnen zeigen, dass jeder auf der Erde so etwas machen könne, der Natur Schönheit zurückzugeben, die wir Menschen ihr genommen haben. Ich wollte sie spüren lassen, dass die Natur beseelt und nicht nur tote Materie ist, die man nach Herzenslust ausrauben kann.

So nach und nach probierte ich jeweils mit den Besuchern auf den Stühlen am Stern eine Meditation. Besonders die Männer waren von meiner kurzen Besinnung berührt.

Gartenmeditation

Haben Sie keine Angst. Es tut nicht weh, es ist nicht so wie beim Zahnarzt.

❖   Stellen Sie die Füße fest auf die Erde, schließen Sie die Augen und atmen Sie ganz ruhig ein und aus.

❖   Der Tag und die Reise hierher versinken. Sie sitzen wirklich im Moment nur hier in diesem Garten. Ihre Füße spüren die Erde, auf der Sie leben. Sie ist ein kostbares, wundervolles Geschöpf, sie schenkt uns alles, was wir brauchen. Nur wir Menschen verlangen dann für diese Geschenke Geld.

❖   Lassen Sie den Duft des Gartens mit dem Atem durch sich fließen. Bedanken Sie sich innerlich leise für Ihr Leben

und dass die Erde Sie trägt, Sie sich auf ihr entwickeln können.

❖ Jetzt stellen Sie sich vor, das ganz Universum ist voller
Licht. Sie atmen dieses Licht genussvoll ein und lassen es
durch Ihren Körper strömen und geben es über Ihre Füße an
die Erde weiter, mit einem großen Dankeschön.

❖ Dies wiederholen Sie jetzt bitte dreimal.

Dann öffnen Sie die Augen und sind wieder voll da, vielleicht sogar gestärkt.

Leider wurde unseren vielleicht zu erfolgreichen Garten-
tagen ein Ende bereitet. Die Katastrophe kündigte sich in
Form der Polizei an. Die Falschparker mussten teilweise
Strafe bezahlen und ich bekam einen Brief der Gemeinde
mit der Aufforderung, entweder einen Parkplatz zu bauen
oder den Garten für die Öffentlichkeit zu schließen. Ha,
ha, einen Parkplatz bauen bei den Preisen, die hier jeder
Quadratmeter Erde kostet!
Ich war traurig und wütend: Das viele Geld, der Einsatz,
alles war für die Katz. Wutentbrannt rannte ich um die
Insel Reichenau und sank müde in eine Bank meiner Lieb-
lingskirche St. Georg. Für einen Moment war ich kurz
weg und hörte innerlich eine Stimme: »Der Garten ist gebaut, jetzt kannst du gehen, wohin du willst.«
Ja, wo soll ich denn hingehen? Was heißt das?
Später verstand ich: Meine Aufgabe war, den Garten zu
bauen, aber meine Aufgabe war es nicht, im Garten zu
hocken, mit Menschen zu meditieren, sie über die Kostbarkeit der Erde aufzuklären. Dieser Tritt in meinen Al-

$\mathcal{S}$t. Georg,
meine Lieblings-
kirche auf der
Reichenau.

lerwertesten hieß: »Spiel wieder, das hast du gelernt, das
ist dein Beruf.«

Nur, was sollte ich spielen, wo? Ich hatte ja vorläufig keine Angebote.

Durch den Bau des Gartens hatte ich mich meinem Beruf
gegenüber bewusst verschlossen, da konnte ich keine Angebote erwarten. Ich musste mich wieder aufschließen.
Das tat ich, aber es brauchte halt Zeit.

Mit Teamarbeit zum Erfolg

Gerade als ich mit geliehenem Geld so viel wie möglich bezahlt hatte, starb mein Multimillionär einsam auf den Bermudas. Von dort bekam ich einen Brief aus einem Steuerbüro, dass auch ich eine größere Geldsumme geerbt hatte. Meine spirituelle Freundin meinte: »Kosmische Belohnung!«

Durch dieses neue finanzielle Polster war es nicht existenziell bedrängend, dass ich noch keine Rollenangebote bekommen hatte. Deshalb stürzte ich mich mit meiner ganzen Schaffenskraft in die Malerei. Mein Leben bekam dadurch eine neue Dimension.

Nach einer großen Ausstellung im Schloss Schwarzenbach in der Schweiz hatte ich eine weitere Ausstellung in Ermatingen, dem nächstgrößeren Ort unterhalb von Fruthwilen. Die Laudatio dort sollte Ernst Mühlemann halten. Ich kannte ihn nur flüchtig. Er war Nationalrat in der Schweiz und man nannte ihn den heimlichen Außenminister. Man erzählte mir, dass er sich überall im Dorf erkun-

*D*ie Gartenfee
Heidi und Inge,
genannt Müsselchen.

digt hatte, wie denn die Kubitschek so sei. Die Antworten mussten einigermaßen gut ausgefallen sein, denn es war die eindrucksvollste Laudatio, die ich je erlebt habe. Er hat nur über meinen Namen gesprochen, über Ruth, über Maria und über Kubitschek. Er sagte: »Das slawische Element, das dieser Name mit sich bringt, das Traurige, Tiefe, Märchenhafte, die Möglichkeit, in andere Dimensionen vorzudringen, eine Seele, die uns Vergessenes, Naives, Kindhaftes erzählen kann …« Er beendete seine Rede: »Und außerdem ist sie eine von uns.« Das war natürlich toll, ich war angenommen in der Schweiz.

75

Er wurde später ein wirklicher Freund, mit dem ich wunderbare Gespräche führte. Leider ist Ernst Mühlemann in seinem Lesesessel für immer eingeschlafen, aber das geschah erst Jahre später.

Meine Bilder wurden sehr geschätzt, ich bekam sehr viel Anerkennung, was mich bestärkte weiterzumalen.

Meine Qi-Gong-Lehrerin Erika von der Krone hatte mir eine Ausstellung in einem Luxushotel in St. Moritz vermittelt. Wir brauchten für meine großen Bilder drei Autos, die uns Freunde zur Verfügung stellten, aber unbedingt auf eigene Kosten mitkommen wollten. Als wir mit den vielen verpackten Bildern in Arbeitsmontur in diesem schicken Hotel eintrafen, sagte Erika entsetzt: »Wie seht ihr denn aus, wie die letzten Wollmatinger Dorftrampel.« Wir mussten die Bilder nachts aufhängen, um den Hotelbetrieb nicht zu stören. Da zeigte sich wieder das Talent von Heidi, zu organisieren und zu befehlen, wo es langging. Inge, Müsselchen, schrieb nachts noch die Preislisten und wir wurden immer mehr zu einem guten Team.

Zur Weihnachtszeit hatten wir eine weitere Ausstellung in St. Moritz Dorf, wieder in einem großen Hotel. Eine Geschäftsfrau, die immer einen Nerzmantel trug und es nicht fassen konnte, dass ich es wagte, nach St. Moritz ohne Pelz zu kommen, hatte alles organisiert. Nach der erschreckenden Erkenntnis ging sie mit mir in ein großes Pelzgeschäft und es wurden über mich ein Nerz- und ein Zobelmantel als Leihgabe gehängt. Sie machten mich, nach

meinem Gefühl, um Jahre älter und viel dicker! Ich selbst
hatte bereits bei meinem großen Umzug all meine Pelze
verschenkt, da ich aus moralischen Gründen keine mehr
tragen wollte.

Da Pressefotos von mir im Pelz gemacht werden sollten,
drückte ich mich, eilte in das Geschäft von Bogner, klagte
ihnen mein Leid und bekam einen wunderbaren blauen
Anorak mit passenden Skihosen dazu. So zünftig und
sportlich exklusiv gekleidet, trat ich vor die Presse.

Das Luxushotel, in dem die Ausstellung stattfand, war
komplett ausgebucht, sodass Müsselchen, Heidi und ich
in einem kleinen Zimmer zusammen untergebracht wur-

den. Heidi friert immer in der Nacht, also deckten wir sie mit dem teuren Zobel zu. So hatte er doch noch eine Funktion gefunden.

Unser Team hatte viel Spaß, wir haben sehr viel gelacht und hatten dabei immer Erfolg. Solche Events waren für mich besonders anstrengend, weil ich den ganzen Tag auf den Beinen war, mich mit den Menschen unterhalten und ihnen meine Bilder erklären musste. Am Ende sah ich mit einem lachenden und einem weinenden Auge, wie sie mit einem meiner Bilder davonzogen – eine gute Loslassübung.

Entspannungsbad

An so einem Abend brauche ich unbedingt ein Entspannungsbad.

Ich gebe eine Tasse Basenpulver in das Badewasser und lasse die Wanne volllaufen.

Dann vermenge ich einen Becher Sahne in einer Schüssel mit einem großen Esslöffel Honig, zehn Tropfen ätherischem Weihrauchöl, acht Tropfen Lavendelöl und acht Tropfen Teebaumöl.

Diese Mischung schütte ich in die Wanne. Das Baden ist dann sehr entspannend, harmonisierend und duftet wunderbar.

Den Zeichen folgen

Trotz der Schließung des Gartens für die breite Öffentlichkeit traf sich manchmal sonntags ein harter Kern, um zu meditieren. Mittags gab es meine berühmte Suppe mit frischem Gemüse von der Reichenau. Das Highlight darin waren meine selbst gemachten Grießknödel, die leider immer etwas hart wurden. Man hätte sie auch als Pingpongball benutzen können. An diesem Sonntag übernahm Anna, die einem großen Apfel-Bauernhof vorstand, die Zubereitung der Grießknödel.

Beim Kochen sagte sie ganz nebenbei: »Du, Ruth, ich habe Anfang September einen Flug nach Bangalore gebucht. Die Lufthansa fliegt zum ersten Mal ab Frankfurt direkt dahin. Willst du nicht mitkommen?«

»Ja, bist du verrückt, ich weiß doch heute noch nicht, was ich im September mache. Wenn ich eine Rolle bekomme, muss ich sie annehmen, denn wir brauchen das Geld für den Garten.«

»Gut, das macht nichts, dann kommt halt jemand anderer mit.«

Anna war eine glühende Verehrerin Sai Babas und flog seit Jahren zu ihm nach Puttaparthi.

Ich hatte schon viel von ihm gehört und manche seiner Weisheiten sprachen mich sehr an, zum Beispiel: »Liebe alle – diene allen – hilf immer – verletze nimmer.« Oder: »Es gibt nur eine Religion, die Religion der Liebe. Es gibt nur eine Kaste, die Kaste der Menschheit. Es gibt nur eine Sprache, die Sprache des Herzens. Es gibt nur einen Gott, er ist allgegenwärtig.«

Und außerdem imponierte mir, dass er für die Frauen Indiens Universitäten baute und ihre Bildung förderte.

Vorläufig hatte ich mit Indien nichts am Hut.

Die Zeit des Fluges rückte näher und da ich kein Angebot hatte, entschloss ich mich mitzukommen. Als ich mit Anna, einem gebürtigen Russen und einer kleinen herzkranken Frau am frühen Morgen von Friedrichshafen nach Frankfurt fliegen wollte, war das Flugzeug kaputt. Um elf Uhr ging unser Weiterflug. Große Aufregung.

Anna betete zu Sai Baba: »Babele hilf.« Wir fanden einen Taxifahrer, der bereit war, uns nach Frankfurt zu bringen. Unterwegs ging ihm das Benzin aus und keine Tankstelle war in Sicht. Anna betete wieder: »Babele hilf. Hilf bis zur nächsten Tankstelle, sonst verpassen wir das Flugzeug.« Sie werden es nicht glauben, ohne Benzin fuhren wir bis zur nächsten Tankstelle. Wir waren beeindruckt. Wer war dieser Babele, der dies konnte?

Wir erreichten wirklich das Flugzeug und saßen alle glücklich in der Holzklasse. Der Steward, ein junger Mann, der mich erkannte und sehr erstaunt war, dass ich hinten saß, verwöhnte uns alle vier mit Essen und Schokolade. Es wurde ein lustiger Flug, sodass wir die neun Stunden leicht absaßen.

Nachts um zwei Uhr in Bangalore angekommen, erlaubte Anna uns nicht, in ein Taxi zu steigen, um nach Puttaparthi zu fahren, weil Sai Baba seinen Leuten verboten hatte, nachts mit dem Auto zu ihm zu kommen. Also standen wir müde in der lausigen Flughafenhalle herum, bis es Tag wurde. Jetzt aber nichts wie weg hier.

Noch einmal drei Stunden Fahrt, vielleicht auch vier, weil Anna in einem Dorf unbedingt frühstücken wollte. Als ich das Lokal betrat, wollte ich gleich wieder umkehren. Doch Anna meinte, an diesem Frühstück mit dem indischen Brot, den scharfen Soßen würden wir bestimmt nicht sterben. Ich hatte auf unserer Fahrt bis hierher schon des Öfteren gedacht, unser letztes Stündlein habe geschlagen, weil der Fahrer rasant an Kühen, Hunden, Hühnern und Autos vorbeischlitterte, zum Glück, ohne sie zu treffen. Meistens habe ich mir die Augen zugehalten. Aber man gewöhnt sich an alles. Das Frühstück war tatsächlich fabelhaft und durch die scharfe Soße wurden wir wieder wach.

»Puttaparthi – Divine Land« empfing uns. Auf der rechten Seite der Straße sahen wir ein imposantes Krankenhaus, wie ein sitzender Buddha gebaut, umgeben von einem parkartigen Gelände. Weiter auf der linken Seite eine Musikschule und weitere Schulen, alles sauber und gepflegt. Durch ein großes schönes Tor fuhren wir in den Aschram von Sai Baba.

Zuerst mussten wir zur Anmeldung. Anna und ich bekamen ein Zimmer. Es kostete für uns beide zehn D-Mark für eine Woche.

Anna, die sich auskannte, schnappte sich einen jungen Inder, der uns die Koffer ins Zimmer trug. Da das Zimmer vollkommen leer war, bekam er den Auftrag, zwei Matratzen zu besorgen. Es gab ein Bad mit einer Dusche und WC – gewöhnungsbedürftig. Aber ich hatte ja hier die Chance, heilig zu werden, darf man nicht vergessen. Sofort fing ich an zu putzen, alles Nötige hatten wir vorsichtshalber mitgebracht.

Ich war überrascht, dass es nicht zu heiß war, sondern angenehm warm. Um 16 Uhr gingen wir endlich in den Tempel. Wir alle hatten indische Taschen dabei, halb so groß wie ein Blatt, in die wir unsere Schlüssel, den Ausweis vom Aschram und ein wenig Geld gesteckt hatten. Beim Eingang wurden wir abgetastet. Unsere kleinen Taschen durften nicht mit hinein, sie waren zu groß. Ich war von uns dreien immer noch die Jüngste, also musste ich zu einer Aufbewahrungsstelle gehen und die Taschen abgeben.

Ich habe mich so aufgeregt: »Das will ein Avatar sein und in den Tempel darf man nicht einmal mit einer winzigen Tasche und wird untersucht wie am Flughafen. So eine Scheiße.« Ich war müde und wütend, als ich in den Tempel zurückkam und meine Freundinnen suchte.

Da trat eine etwas ältere Inderin auf mich zu und sagte: »You are not in peace. Go out.« Ich war schon auf dem Weg nach draußen, da holte Anna mich ein und beschwichtigte die Frau. Ich durfte bleiben. Wir drei alten Weiber, das muss man sagen, konnten nicht im Schneidersitz auf dem Boden sitzen. Also wurden wir nach ganz hinten an der Wand auf irgendwelche Gartenstühle platziert.

Die Halle war riesig und mit Blumen geschmückt, links saßen die Frauen, rechts die Männer. Die indischen Frauen, in ihren Saris auf dem Boden sitzend, ergaben für mich ein fremdartiges Bild, das sehr schön und farbenfroh aussah, wohin ich auch blickte. Diese Schönheit beruhigte mich.

Zarte indische Wesen versuchten, den roten Teppich mit sehr komischen Besen zu säubern. Die Halle war offen. Darin befanden sich nicht nur Tausende von Menschen, sondern auch zahlreiche Vögel, die oftmals ihre Federn auf dem roten Teppich zurückließen.

Und endlich kam Sai Baba. Er war klein, zierlich, trug ein langes orangefarbenes Hemd, war barfuß und seine riesige schwarze Haarmähne gab ihm etwas Außergewöhnliches. Ich glaube, ich habe geweint, als ich ihn sah. Er ging langsam an allen Menschen in der Halle vorbei, nahm Briefe entgegen, die man ihm reichte, segnete die Menge und holte jemand aus der ersten Reihe zu einem Interview, wie man das hier nennt.

Das war nun mein erster Eindruck von Annas geliebtem Babele. Sie war schon nach Puttaparthi gekommen, als es noch keinen Tempel gab und sie alle um Sai Baba herum im Sand saßen. Für sie war es sehr imponierend, was hier inzwischen entstanden war, doch sie trauerte auch um die frühere Nähe zu ihm.

Für mich war das alles auch eine riesige Show.

Aber hinten im Tempel an der Wand mit Tausenden zu sitzen, auf Baba wartend, hatte auch etwas Tiefes, Ordnendes, Ruhendes. Man war auf sich zurückgeworfen, trotz all der Menschen aus aller Welt, aus allen Religionen. Man fühlte sich in dieser Masse allein mit sich und Baba.

Ich denke, dass viele dieser Menschen, die still in diesem Tempel saßen, ihre Probleme und Sorgen an Baba übergeben wollten. Da die Energie aufgeladen war mit den inneren Gebeten und den gesungenen Mantren, lösten sich bestimmt sehr viele negative Schwingungen. Man verließ den Tempel jedes Mal ein bisschen verändert.

Wir hörten von den Schrecken des 11. Septembers in New York. Da wir keinen Fernseher hatten, war die Gerüchteküche in vollem Gange. Ich rief Wolfgang an und er sagte: »Ruth, die Welt wird nie mehr so sein, wie sie war.« Das Komische: Trotz eines so tragischen Ereignisses geht das Leben einfach weiter. Wir gingen jeden Tag in den Tempel.

Ich lernte viele Menschen kennen, die schon Jahre hierherkamen, Lehrer, Ärzte, Architekten, Heiler, alle Berufe, die es so gibt. Auch Privilegierte gab es im Aschram, die eine Wohnung dort hatten. Ich war beeindruckt, aber für mich war das nichts. »Was würde Jesus an Babas Stelle tun?«, dachte ich sehr oft. »Ob er so wohnen wollte wie er?« Na ja, ein blöder Vergleich.

Während meines Aufenthaltes hielt Sai Baba keine An-

*B*ei Dreharbeiten
in Indien.

sprache. Deshalb konnte mich auch seine anscheinend so wunderschöne Stimme nicht beeindrucken, von der alle schwärmten.

Bis zum Schluss war ich nicht wirklich tief überzeugt und wir flogen wieder heim.

In mir, dachte ich, sei nichts passiert.

Heidi und Müsselchen jedoch stellten eine Veränderung an mir fest. Ich sei etwas gütiger geworden.

Da meine beiden Freundinnen vom Dorf kamen und etwas langatmiger waren in ihrem Begreifen, hatte ich oft ungehalten reagiert. »Wie kann man nur so langsam denken?«

Anscheinend hat sich dieser Charakterzug von mir in Luft aufgelöst.

Na, das wär ja schon was!

Kokosöl als Nahrung fürs Gehirn

*I*m Dorf beim Frühstück begegnete ich diversen Physiotherapeuten. Es gab indisches Pita- Brot, scharfe Soßen und ein Gebräu, das sich Kaffee nannte – alles zusammen konnte einen süchtig machen. Wir saßen dicht gedrängt in dem langen schmalen Restaurant und die Gesundheitstipps flogen über die Tische nur so hin und her.

Also, wenn man vergesslich wird, sollte man dreimal am Tag, am besten sogar frühmorgens vor dem Frühstück, ein wenig Kokosöl, das fest wie Butter ist, mit einem Löffel aus dem Glas herauskratzen, im Mund zergehen lassen und runterschlucken. Schmeckt nicht schlecht und hilft wirklich.

Ich mache das seitdem und benutze einen Perlmuttlöffel, ich bilde mir ein, dass es besser schmeckt.

Das Leben ist mehr, als wir denken

Je älter ich werde, desto mehr habe ich das Gefühl, dass die Zeit mir durch die Finger rinnt und schneller vergeht. Trotzdem versuche ich, mich nicht hetzen zu lassen. Dabei hilft mir meine morgendliche Meditation, in der ich mich immer wieder auf mich selbst besinne, auf meine Ruhe, meine Kraft und das Gefühl des Einsseins mit allem, was mich umgibt.

Im Dezember, kurz vor Weihnachten bekam ich so etwas wie einen Schubs in meinem Bett. »Aber jetzt kommst du, vom 27. Dezember bis zum 7. Januar.«

Ich richtete mich auf und sagte laut: »Ich habe ja gar kein Visum.«

»Schau in deinen Pass.«

Ich hatte wirklich ein Visum bis zum 7. Februar, was mir mal wieder nicht bewusst gewesen war.

Ich rief meinen Freund Carlo Hilgers an, der früher bei der Lufthansa gearbeitet hatte. »Bitte, Carlo, ich will am 27. Dezember nach Bangalore, buchst du mir einen Flug in der Business Class.« Die Holzklasse wollte ich mir allein nicht antun. Carlo schickte mir das Ticket »First Class«.

»Und wer hat das upgegraded?«, fragte ich. Carlo wusste es nicht. Vielleicht Wolfgang? Ich fragte ihn, doch Wolfgang lachte laut: »Ich doch nicht, für so einen Quatsch.« Ich erzählte es Anna. »Oh, Ruth, so was macht Baba.«

»Ja, Anna, aber wie?«

»Nimm es doch einfach hin und flieg.«

Nun, ich flog.

Carlo hatte mir in Bangalore ein Hotel gebucht, in dem ich die Nacht verbrachte. Am nächsten Morgen fuhr ich mit einem Taxi in Ruhe los. Eine Architektin, die ich beim ersten Besuch kennengelernt hatte, gab mir einen Brief mit, dass ich in ihrer Wohnung im Aschram wohnen könne. In Puttaparthi angekommen, nun schon etwas vertrauter, bekam ich die Schlüssel für diese Wohnung mit zwei hübsch eingerichteten Zimmern.

Leider wohnte ich da nicht allein, sondern teilte das Domizil mit einer Ratte. Ich blieb völlig ruhig, was mich sehr überraschte, und suchte die Stelle, an der sie in die Wohnung eindringen konnte. Es war ein Abguss, wo die Steine etwas locker waren. Ich bat das Tier, doch wieder im Abguss zu verschwinden, was die Ratte tatsächlich tat, und machte diese Stelle mit Steinen wieder dicht. Huch, das war geschafft.

Als ich abends ins Bett gehen wollte, sah ich zwei Mäuse unter den nicht schließenden Türen hereinhuschen. Ich öffnete die Wohnungstür und sprach ziemlich laut mit ihnen, dass sie sich bitte einen anderen Aufenthaltsort suchen sollten. Komischerweise folgten auch diese und verließen einträchtig die Wohnung.

Nun konnte mein Leben im Aschram beginnen. Verena, eine Dame aus Deutschland, die immer da lebte, hatte ich schon das letzte Mal kennengelernt. Sie nahm mich unter ihre Fittiche. Sie saß auch an der Wand bei den alten Weibern, aber ziemlich nah am Eingang bei Sai Baba.

So ging ich morgens, mittags, nachmittags in den Tempel, lernte eine indische, ältere, sehr anmutige Frau kennen, die oft neben mir saß und auch eine Wohnung im Aschram hatte. Sie behauptete eines Tages, als Baba seitlich am Tempel heraustrat und in die Menge blickte, habe er mich lange angeschaut. Ich hatte zwar auch das Gefühl, doch ich glaubte es nicht, warum sollte er das tun? Zum Interview kamen nur die Leute, die in der ersten Reihe am Boden saßen.

Ich hatte mir inzwischen bei jungen Leuten, die aus Kaschmir kamen, Saris besorgt. In ihrem kleinen Laden musste man die Schuhe ausziehen und man wurde immer zum Tee eingeladen, egal, ob man etwas kaufte oder nicht. Die jungen Männer erzählten mir von ihrer Heimat, was für ein wundervolles Land Kaschmir sei. Das Wasser schmeckt wie ganz reines Wasser, das Essen ist noch natürlich, Land darf man nicht an Ausländer verkaufen. Sie erzählten von Flüssen und Wasserfällen und luden mich ein, im März zu ihnen zu kommen, sie hätten drei Häuser und würden mir Kaschmir zeigen. Na ja, für unser beider schlechtes Englisch wäre das sicherlich hilfreich!

Wenn ich Zeit hatte, fuhr ich mit dem Tuk-Tuk zu Doktor Raoh, einem Ayurveda-Arzt, der mir empfohlen worden war. Dort angekommen, warteten schon mehrere Patienten auf Dr. Raoh. Ich hörte ihn bei offener Tür mit einer gütigen, ruhigen Stimme sprechen. Als ich drankam, sah er erst mich an, dann in den Fragebogen. »Siebzig Jahre, so schauen Sie aber nicht aus, das kann ich nicht glauben.«

»Doch, doch, es ist so.«

Ich erklärte ihm, dass mein Bauch nach jedem Essen geschwollen sei. »Ist es die Leber, die Galle?«

Er fühlte meinen Puls und sagte: »Die Leber und die Galle sind gesund, aber Sie haben zu viel Gas.« Er verschrieb mir ayurvedische Heilmittel und eine Massage am nächsten Morgen.

Im Aschram stellte mir Verena eine sehr einflussreiche Inderin vor, die die Plätze vergab. Nachdem ich ihr geschildert hatte, dass ich leider nicht lange auf dem Boden sitzen könne, sagte sie freundlich: »Gut, kommen Sie morgen um sieben Uhr. Ich gebe Ihnen einen Platz in der ersten Reihe.«

Als ich am nächsten Morgen um sieben Uhr hübsch in einem weißen Sari zum Tempel kam, war dieser geschlossen. Kein Mensch war da. Was war passiert? Sai Baba war bei Nacht und Nebel in seinen anderen Aschram nach Whitefield gefahren und wie beim Auszug der Kinder Israels aus Ägypten das ganze Dorf hinterher.

Meine »Kaschmiri-Jungs« waren zum Glück noch da. Sie packten gerade ihr Auto und wollten unbedingt, dass ich mitkomme. Sie würden mich, ihre Queen, wie sie mich nannten, umsonst mitnehmen, was bei ihrer Geschäftstüchtigkeit erstaunlich war.

Doch ich war sauer: »Ich bleibe.«

Im Aschram durfte ich mich trotz meiner Wohnung nicht länger aufhalten.

Gott sei Dank nahm Dr. Raoh mich auf und begann mit einer ayurvedischen Behandlung.

Im ersten Stock seines Hauses am Ende des Dorfes bekam ich ein Zimmer, möbliert mit einem Bett, einem Bad mit Dusche und WC und warmem Wasser, einem Waschbecken, darüber ein Spiegel und ein paar Fächern in der Wand als Ablage für Saris. Purer Luxus.

Eine andere Art von Luxus: Mein Körper wurde absolut gereinigt. Entweder ich saß auf dem Klo oder ich kotzte oder ich lag auf einer Holzliege und wurde mit warmem Öl massiert. Dann in einen Holzkasten gesteckt, wo oben mein Kopf herausschaute, und durch einen Schlauch wurde Dampf in den Kasten geleitet. Nachdem ich halb tot war, wurde das Öl von meiner Haut mit einer Art Erde abgerubbelt.

Wenn man diese Prozedur überstanden hatte, wurde man belohnt mit einem Stirnölguss, Shirodhara genannt. Das war tiefste Entspannung.

Am Abend traf man sich zur Yogastunde auf dem Dach des Haupthauses, das sehr weitläufig war. Doktor Raoh war vierundachtzig Jahre alt. Er hatte eine unglaubliche Körperbeherrschung. Wir versuchten, es ihm gleichzutun. Besonders schön war es einmal bei Vollmond, wir machten eine Vollmondmeditation mit leichten Übungen. Doktor Raoh meinte, wir sollten zum Mond werden und die Glückseligkeit über die ganze Erde ausbreiten.

Ich erlebte in diesem Haus jeden Mittag eine Puja: Am Hausaltar mit den Hindugöttern rezitierte der Doktor die einhundertundacht Namen Gottes und schüttete Milch und Honig über die Statuen der Götter. Die Flüssigkeit sammelte sich in einem Schälchen und am Ende der Puja bekam jeder einen Schluck in die Handfläche. So, stellte ich mir vor, müsste das himmlische Manna schmecken.

Ich fühlte mich wohl bei diesen gläubigen Menschen. In ihrem Haus tönte von früh bis Mittag laut der Urton »OM«. Mein Körper wurde schlanker und gesünder. Der Dorfpolizist, der jeden Abend mit uns Yoga machte, behauptete: »Baba is coming, but nobody knows. But we hope on the 29th.«

Baba kam nicht.

Doktor Raoh meinte, ich solle nach Whitefield fahren und mich bei Sai Baba innerlich bedanken, dass es mir jetzt so gut gehe.

Ich war jedoch immer noch bockig: »Nein, ich fahre am 6. Februar von hier zum Flugplatz.«

Zwischendurch kamen meine »Kaschmiri-Jungs« und wollten mich überreden, doch mitzukommen. Aber ich blieb hart und beleidigt.

Am 5. Februar mittags saß ich mit einer anderen Patientin in einem hübschen Hotel auf einer Terrasse mit Blick auf die Landschaft Puttaparthis und da wir so gehungert hatten, aßen wir jetzt etwas Richtiges. Auf einmal spürte ich

wieder so einen Tritt in den Hintern: »Jetzt kommst du aber!«

Ich stand auf und folgte.

Der Doktor holte mir ein Taxi, ich packte in Windeseile meine sieben Sachen und um vier Uhr fuhr ich los. Nach vier Stunden Fahrt kam ich durchgerüttelt in Whitefield an, suchte ein Hotel, bekam ein Zimmer mit vier Betten. Es war alles andere als einladend. In diesem Raum wollte ich nicht den Abend verbringen, ging die »Kaschmiri-Jungs« suchen und fand sie. Sie waren hocherfreut und meinten, ich bräuchte morgen früh erst um halb sieben in den Tempel zu gehen. Da ich sowieso hinten sitze, würde das reichen.

In der Früh holte ich mir doch noch einen Sari aus meinem Koffer, zog ihn an und ging los. Ich kaufte außen vor dem Tempel eine Rose, die man mir wieder abnahm – könnte ja eine Bombe sein. Dann stand ich verloren in dem großen Hof vor dem Tempel. Da kam eine strahlende Inderin in einem golddurchwirkten Sari auf mich zu. Der Schal ihres Saris wurde von einer kostbaren Brosche aus Brillanten gehalten. Sie sagte zu mir: »You go there« und zeigte auf einen VIP-Eingang.

Also ging ich dahin, wurde jedoch sehr unfreundlich zurückgewiesen. Da rief eine Frau hinter dem VIP-Eingang: »Ja, Ruth, wo bleibst du denn?« Es war Verena. Sie kam, so schnell sie konnte, auf mich zu. »Geh ins Büro, ich habe eine Karte für dich.«

»Eine Karte? Gibt es hier Eintrittskarten?«, fragte ich entgeistert.

»Komm, rede nicht so viel.« Sie packte mich am Arm und nach einem Palaver im Büro hasteten wir zurück.

Eine Chinesin mit einem langen Zopf bis zum Hintern prüfte die Karte und setzte mich neben Verena an eine Balustrade. »Jetzt kann er an dir nicht mehr vorbei«, sagte Verena fast triumphierend. Das Tor ging auf, Sai Baba kam und schaute zu mir, ob ich da bin. »Nein, das glaube ich nicht«, dachte ich. »Er meint bestimmt jemand anderen.« Er kam näher und blieb bei einer Dame vor mir stehen. »Ah ja, die hat er gemeint.« Dann kam er auf mich zu, schaute mich mit seinen tiefen braunen Augen an und fragte: »Warum kommst du so spät? Ich bin so froh, dass du da bist. Wann fliegst du?«

»Heute Abend.«

»Du kommst jetzt zum Interview«, und er ging weiter.

Ich flüsterte zu Verena: »Er holt doch keine Frau allein zum Interview.« Da wurde ich schon von einer anderen Inderin rausgeholt und in einem Garten vor seinem Haus auf eine Bank gesetzt.

»Was wollte ich ihm alles sagen? Wie geht das in Englisch?« Ich wunderte mich. »Warum holt er mich, wo doch da Tausende sitzen, so inszeniert heraus? Wieso hatte die indische Frau mit der Brosche mich empfangen?« So eine Frau hatte ich im Aschram noch nie gesehen.

Ich musste warten, bis Sai Baba durch den ganzen Tempel gegangen war und Briefe entgegengenommen hatte. Dann kam er mit einem Mann mit Schärpe, einem Moslem, und ging mit ihm ins Haus – mich ließ er sitzen.

Nach einer Weile trat er heraus und winkte mir zu: »You come.«

Ich ging die Treppen zu ihm hoch, stand vor ihm und kam mir riesengroß vor. Es fiel mir auch nicht ein, in die Knie zu gehen. Er drückte mich in einen Sessel, redete mit den anderen Leuten. Endlich holte er mich und sagte: »You have too much pain.« Dann forderte er mich auf, etwas von ihm zurückzutreten, und sah mich genau an. »Warum hattest du so viel Angst in der Vergangenheit und so viel Angst vor der Zukunft? Außerdem hast du immer noch zu viel Gas im Bauch.«

Er schaute meine Hände an und ich dachte, er meinte meinen grünen Smaragdring, als er sagte: »Die sind zu dunkel für dich, magst du Grün?« Er hob seine Hand, drehte sie vielleicht dreimal und hatte einen Ring mit einem hellen grünen Stein in der Hand. Ein überraschter Jauchzer entfuhr mir. Er steckte mir den Ring an den linken Ringfinger und sagte stolz: »Er passt. Ich bin in dem Ring, ich bin immer bei dir.« Er schüttete mir Asche in die Hand, die er in diesem Moment materialisierte. Diese sollte ich sofort essen, es sei gut für meinen Bauch. Dann führte er mich zum Ausgang und sagte: »My home is your home. Please, be happy. Please, be happy. Please, be happy«, und schob mich hinaus.

Ich weiß bis heute nicht, warum er mir diesen Ring präzipitiert hat. Ich habe gesehen, dass er den Ring nicht aus irgendeiner Tasche zog, er hat seinen Arm erhoben, hat seine Hand dreimal in der Luft gedreht und hatte plötzlich den Ring zwischen den Fingern.

Natürlich habe ich mich über die Begegnung und den Ring gefreut.

Als ich in den Aschram zurückkehrte, war ich für die Inder etwas ganz Besonderes. Jeder wollte den Ring sehen. Sie drückten ihn an ihre Stirn und beglückwünschten mich. Danach ging ich zu meinen »Kaschmiri-Jungs«, die konnten es nicht fassen. »Da kommst du zweimal hierher, auch noch zu spät, bekommst ein Interview und einen Ring. Andere kommen zwanzig Jahre und er sieht sie nicht.«

»Ja, ich weiß, wie meine Freundin Anna, und sie liebt ihn trotzdem.«

Die Jungs waren so happy, dass sie mich nachts nach Bangalore zum Flughafen fuhren, die Maschine startete um zwei Uhr in der Früh.

Im Flugzeug konnte ich natürlich nicht schlafen. Vor meinem geistigen Auge erlebte ich die Zeit, die ich in Puttaparthi verbracht hatte. Die Tage bei Dr. Raoh, meine täglichen Massagen, die Yogaübungen auf dem Dach seines Hauses, die Verschmelzung so vieler Nationen und Religionen. Wir alle versuchten, gemeinsam beweglicher zu werden, schlanker, geländegängiger. Das hatte uns vereint.

Noch viel intensiver war dieses Erleben von Gemeinsamkeit im Ashram. Da sitzt du im Tempel, betest neben einem Buddhisten oder einem Hindu, einem Griechisch-Orthodoxen oder Russisch-Orthodoxen, die dort in einer Vielzahl anzutreffen waren. Es gab auch sehr viele Katholiken, Menschen evangelischen Glaubens und bestimmt saß hier und da ein Moslem. Ist das nicht schon eine riesige Völkerverständigung, die da im Tempel geschah? Man konnte hier viele Kroaten, Serben und Kosovo-Albaner treffen, die alle friedlich miteinander umgingen.

Eine Begegnung verschiedenster Nationen und Religionen, die zu Gott beteten, jeder zu seinem eigenen. Dies hatte Sai Baba in Puttaparthi verwirklicht.

Jahre später geschah etwas sehr Eigenartiges. Bei einer Abendgala trug ich den Ring Sai Babas mit anderen Anhängern an einer Kette unter meinem Kleid um den Hals. Sie sollten mich beschützen, weil es für mich immer anstrengender wurde, bei solchen Festlichkeiten unter vielen Menschen zu sein. Als ich die Kette abends im Hotelzimmer abnehmen wollte, hing sie lose um meinen Hals, der Ring Sai Babas fehlte.

Ein paar Tage später erfuhr ich, dass »Babele« diese Erde verlassen hatte.

Schutzmeditation

Gerade wenn man unter viele Menschen geht und die verschiedensten Energien hin und her fluten, sollte man einen Schutz um sich legen, weil wir die verschiedensten Energien, die wir natürlich nicht sehen, von anderen Menschen aufnehmen. Wir fühlen uns dann erschöpft und wissen nicht, warum.

Wir besitzen nicht nur unseren physischen Körper, sondern jeder Mensch hat außerdem einen Gefühlskörper, einen Gedankenkörper, einen Ätherkörper, in dem die Muster, oft auch sehr alte Muster, wie in einem Computer gespeichert sind. Unser Seelenkörper ist mit allen unseren Körpern verbunden und außerdem mit unserem göttlichen Ursprung.

Wir haben einen Christuskörper und den Körper der Gottgegenwart »Ich Bin«. Wenn wir nicht meditieren und uns mit der Gottgegenwart »Ich Bin« nicht beschäftigen, sind diese Körper oft weit von uns entfernt. Je mehr wir uns verbinden mit dem, was weit über uns hinausreicht, desto mehr wer-

98

den wir die Erfahrung machen, dass wir beschützt und vielleicht sogar geführt werden auf unserem Weg.

Wenn ich meditiere, hülle ich mich in Schutz, gehe in meinen Meditationsraum, zünde Kerzen an und lasse das »OM« von einer CD erklingen. Dann setze ich mich hin und atme ruhig ein und aus.

Wenn ich bei mir angekommen bin, sage ich mir in Gedanken: »Ich Bin der unüberwindliche elektronische Schutzmantel, der mich im Licht und in der Geborgenheit meines göttlichen Ich hält. Er verleiht mir Sicherheit und Schutz, wo immer ich bin, und schirmt mich gegen jede Unvollkommenheit ab. Ich stehe fest in diesem Licht und halte meine Aufmerksamkeit auf die Vollkommenheit Gottes in mir und in allem Leben gerichtet.«

Visualisieren Sie wieder den kosmischen Scheinwerfer über sich. Stellen Sie sich vor, dass er wunderbares blaues Licht ausstrahlt, das Sie vollkommen einhüllt, das undurchdringlich ist. Das blaue Licht ist das Licht des ersten Strahls, es gehört zu Erzengel Michael. Es ist das Licht des absoluten Schutzes, des Willens und der Macht Gottes. Erzengel Michael hilft immer, wenn man ihn ruft.

Sie können sich ebenso in weißes oder goldenes Licht einhüllen. Das ist ganz besonders wirksam, wenn Sie sich unter viele Menschen begeben. Mich hat es auch vor Krankheiten geschützt.

Sie können sicher sein, dass in dem Moment, in dem Sie bereit sind zu meditieren, sich kosmische Kräfte, Engelkräfte für Sie zur Verfügung stellen. Sie können sie rufen und um das bitten, was Sie am dringendsten brauchen:

Ruhe, Frieden, Liebe, Intelligenz, Toleranz, Harmonie, Schönheit.
(Textquelle: Die Brücke zur Freiheit e. V.)
Mit Ihrem Atem nehmen Sie diesen Segen nicht nur für sich in Anspruch, sondern Sie können damit auch Ihre Umgebung einhüllen, Ihre Nachbarn, Ihr Dorf, Ihre Stadt und die ganze Welt. Versuchen Sie es. Die Welt hat es nötig.

Verantwortung übernehmen

Zwischen siebzig und achtzig, wo das Leben voll Beschaulichkeit sein könnte, habe ich so viel gearbeitet wie selten in meinem Leben. Ich fing an, die Welt und auch meinen Beruf noch einmal neu zu entdecken.

Durch all die nicht immer einfachen Erfahrungen meines Lebens hatte ich die Chance, sehr viel zu lernen und mit bewussten und wachen Augen die Welt zu sehen, wie sie ist. Was ich mit ansehen musste, stimmte mich manchmal nachdenklich. Wo war unser Miteinander geblieben? Gab es noch wirkliche Liebe? Wie sollten wir Frauen mit dem Älterwerden umgehen?

Ich nahm mir vor, Geschichten über Frauen in meinem Alter zu schreiben, um ihnen Mut zu machen und aufzuzeigen, was ihnen alles noch begegnen kann! Mir war es wichtig, Figuren zu erschaffen, die zeigen, dass im Leben immer wieder etwas Neues und Wundervolles passieren kann – wenn wir uns auf den Weg machen. Weil ich selbst immer wieder erlebt habe, dass mit den Aufgaben auch die Kräfte wachsen. Keine Frau sollte verzagen, wenn ihr mit fünfzig die Liebe noch nicht begegnet ist. Vielleicht hat das Leben sie für eine noch reifere Zeit aufbewahrt? Vielleicht müssen wir Frauen wirklich bereit sein zu verstehen, was Liebe ist?

Eine solche Frau erschuf ich für meinen Roman »Das Wunder der Liebe«. Ich habe Elisabeth all die Talente und Eigenschaften geschenkt, mit denen ich mich gerne geschmückt hätte: Sie konnte Schmuck entwerfen, sie sprach viele Sprachen, sie war eine gewandte Geschäftsfrau und war konsequent in ihrem Handeln.

Beim Schreiben beschäftigte ich mit dem griechischen Götterhimmel. Da ich schon lange in Zeus verliebt war, erkor ich für meine Elisabeth Zeus als eine Art Ansprechpartner.

In einem Dialog meinte Zeus: »Wir sind nicht tot, meine liebe Elisabeth. Du kannst mit mir sprechen, ich fühle mich geehrt, aus dem Nebel des Vergessens wieder hervortreten zu können.«

Für mich sind durch die Beschäftigung mit diesen uralten Mythen all die Götter und Göttinnen des Olymps aus der griechischen Vergangenheit in das Licht der strahlenden Sonne getreten, heute und jetzt.

Was für ein tolles Volk die Griechen doch sind. Die »Ilias« liegt auf meinem Nachttisch. Ich lese immer und immer wieder die tragische Geschichte des Trojanischen Krieges und die Irrwege von Odysseus.

Besonders tief beeindruckt hat mich die Geschichte des Odysseus, als er von Poseidon verfolgt wurde, seine Freunde und Schiffe verlor und bei der Königstochter Nausikaa, die mit ihren Frauen Wäsche wäscht, nackt an

Land gespült wird. Sie gibt ihm einen
Mantel und erteilt ihm den Rat, zu
Fuß in die Stadt zu gehen und sich
beim König, ihrem Vater, zu melden.

*A*phrodite in meinem
Garten in Fruthwilen.

Athena umhüllt ihn mit einem Schleier, der ihn auf dem
Weg zum Königshof unsichtbar macht. Am Abend betritt
er unbehelligt das Haus des Königs und wird in Gnaden
aufgenommen.

Nausikaa hat sich in diesen Göttergleichen, in Odysseus,
verliebt, aber dieser will nur baldmöglichst zurück zu seiner Penelope. Nachdem Odysseus dem König von seinen

Irrfahrten auf dem Meer erzählt hat, gibt dieser Odysseus ein Schiff, das ihn mit Gedankenkraft nachts über das Meer dahinfliegen lässt, damit Poseidon es nicht bemerkt. Odysseus geht in seiner Heimat Ithaka reich beschenkt an Land. Das Schiff muss sofort zurückkehren. Leider hat Poseidon dieses Schiff dann doch entdeckt und es im Meer versteinert zurückgelassen.

Ich war sehr berührt von der Idee, dass schon bei den Griechen ein Schiff, mit Gedankenkraft gelenkt, über die Meere fliegen kann. Was könnten wir nicht alles erreichen?

Eingebunden in die griechische Mythologie, entstand also mein Buch »Das Wunder der Liebe«. Zu meiner großen Freude entschloss sich Regina Ziegler, den Stoff mit mir in der Hauptrolle zu verfilmen. Ich durfte zumindest für kurze Zeit mein eigenes Ideal sein.

Im Mai ging es nach Griechenland auf mein geliebtes Santorin. Die Insel mit ihrer herben Schönheit, dem Licht des Mittelmeeres und dem Anblick des Vulkans Nea Kameni, der drohend vor Santorin steht, gaben dem Film ein besonderes Flair.

Siggi Rauch spielte die männliche Hauptrolle, den Goldschmied Konstantin. Ich mag Siggi Rauch sehr gerne. Im Herzen ist er ein Bauer und ich bin eigentlich eine Bäuerin, so passen wir als Filmpaar prima zusammen.

Es war eine schöne Arbeit mit Thomas Jacob, dem Regisseur. Ich empfand dort während der Drehzeit eine hohe unruhige Energie, die mich nicht schlafen ließ. Jedoch wurde ich auch nicht müde; unter Santorin ist das Feuer der Erde spürbar. Möge ihre Schönheit noch lange erhalten bleiben.

Durch die Pressearbeit für den Fernsehfilm »Das Wunder der Liebe« lernte ich Yvonne von Stempel kennen. Die Promotion mit ihr für diesen Film hat mir besonders viel Spaß gemacht, weil es mein eigenes Buch war, und ich spielte auch noch die Hauptrolle. Wir hatten, obwohl der Film Ende August gesendet wurde, eine hohe Einschaltquote. Wolfgangs Reaktion darauf war: »Mit dieser Einschaltquote kannste dir zur Ruhe setzen« – was ich natürlich nicht tat.

So esse ich mich gesund

*D*amit ich mein Pensum auch wirklich schaffe, achte ich sehr bewusst auf meine Ernährung. Am Morgen trinke ich als Erstes eine große Tasse heißes Wasser mit etwas Zitronen-saft. Ich stelle mir vor, dass das Wasser all meine Organe, vor allem meinen Darm reinigt.

Nach meiner morgend-lichen Meditation trinke ich einen grünen Tee, lege eine Scheibe dunkles Brot auf einen großen Teller, über-gieße diese Scheibe mit

kalt gepresstem Olivenöl, schneide Tomaten in Scheiben, beträufele sie ebenfalls mit Öl, Zitrone, Pfeffer, dicker Crema di Balsamico und lege Blätter mit Basilikum darauf. Macht nicht dick, aber satt.

Ich war zweiunddreißig Jahre Vegetarierin. Habe jetzt aber manchmal Appetit auf ein Wiener Schnitzel. Das genieße ich dann wie ein Festessen, als etwas Außergewöhnliches.

Auf keinen Fall sollten Sie Milch trinken. Milch ist nur für Babys von Mensch und Tier. Wir Erwachsene können Milch gar nicht mehr verdauen und sie zieht Calcium aus unseren Knochen. Viele Menschen wissen das nicht und wollen es auch gar nicht glauben, obwohl es eine große amerikanische Studie darüber gibt.

Vielleicht sollten wir uns auch zurückhalten bei Wurst, Schinken und Fleisch. Es gibt neuerdings eine Studie, dass Vegetarier weniger anfällig für Krebs sind. Natürlich zeigt sich auch in unserem Gesicht und Körper die Art, wie wir uns ernähren.

In Maßen genießen ist sicherlich die beste Grundregel.

Wenn du Gott schmückst, schmückt er dich

Der Tritt in meinen Allerwertesten, die Auflage, den Garten zu schließen oder einen Parkplatz zu bauen, war ein wirklicher Segen. Mit vierzig Jahren hatte ich gedacht, das Leben sei vorbei, und jetzt erlebte ich, dass sich mit jedem Jahrzehnt neue Horizonte öffnen, neue Wege. Das Leben wird weiter, stabiler, ruhiger, heiterer, weil ich jetzt langsam kapiere, was die Gesetze des Lebens von mir wollen.

Über alle Falten hinweg muss dein Lächeln die Menschen beglücken und wiederum in deinem Gegenüber ein Lächeln hervorzaubern, sodass jede Begegnung eine wirkliche Begegnung wird. Du kannst dir so viele teure Cremes ins Gesicht schmieren, wie du willst, du hast mit siebzig die Ausstrahlung, die du dir erarbeitet hast.

Meine neu gewonnene Unternehmungslust konnte ich durch die Rolle der Hotelbesitzerin Dorothea von Siethoff genießen. Dreharbeiten führten mich nach Mauritius, Mexiko, Thailand, Bali und nach Indien, nach Udaipur, das mich am tiefsten beeindruckt hat. Während der Dreharbeiten durfte ich in dem sonnig gelben Maharadscha-Palast wohnen, von wo aus ich auf den Lake-Palast aus zartem weißen Marmor blickte, der in der Mitte des Sees ruhte. Wenn am frühen Morgen die Sonne darauf fiel, wirkte der Palast wie pures Gold.

Durch mein Interesse an Schmuck hatte ich auch hier bald einen Freund gefunden, Man Singh Manu. Er hatte in einer belebten engen Straße ein Silbergeschäft, vor dem Eingang gab es eine winzige Terrasse mit zwei Stühlen, wo man mitten im Verkehr, im Staub der Motorräder, der Autos, der heiligen Kühe, die einfach durch den Verkehr liefen, sich glücklich unterhaltend, Tee trank. Manu war tief spirituell. In seinem kleinen Geschäft hatte er einen Hausaltar indischer Götter mit Blumen geschmückt. Wenn er etwas verdiente, verbeugte er sich mit gefalteten Händen, bedankte sich und legte das Geld auf den Altar. Wir drehten gerade zu der Zeit, als in Indien das Lichterfest gefeiert wurde. Ganz Udaipur war geschmückt mit bunten Lichterketten, es sah aus wie bei uns zu Weihnachten. Was ich sehr originell fand: Die Menschen stürmten geradezu den Tempel der Göttin Lakshmi und legten ihr ihre Steuererklärungen sozusagen vor die Füße. Vollkommen ehrlich Ein- und Ausgaben und Verdienst, weil sie sonst glauben, wenn sie unehrlich sind, käme im nächsten Jahr nichts mehr nach. Viele Inder kommunizieren via Computer mit Lakshmi und offenbaren der Göttin des Reichtums ihre Einkommen per E-Mail. Die Adresse hat man mir leider nicht mitgeteilt.

»Traumhotel«.
Während einer
Drehpause in Udaipur.

An einem freien Drehtag fuhr ich nach Ranakpur in den berühmten Tempel der Jainas aus dem 15. Jahrhundert. Die Landschaft unterwegs bestand aus grünen Feldern und Wiesen. Auf den Dorfstraßen begegneten mir Hirten mit ihren Ziegenherden, die am Rande der Straße entlangzogen. Ich bewunderte die Männer in ihren hübschen weißen Hemden, mit den bunten Gürteln, den roten knielangen Hosen und den roten Käppchen, die sie bei ihrer

Arbeit trugen. Die Frauen in bunten Saris, mit viel Gold durchwirkt, gaben dem Bild etwas unwirklich Urzeithaftes, als wäre hier die Zeit stehen geblieben. »Ob sie in diesen Saris auch wirklich arbeiten können?«, fragte ich mich. Nun, anscheinend taten sie es.

Langsam kamen Berge näher, wir fuhren immer höher hinauf, Serpentinen wie in der Schweiz. Jetzt las ich auf einem Schild am Straßenrand »Beware of tigers«. Mir blieb einen Moment das Herz stehen, einem Tiger wollte ich ganz bestimmt nicht begegnen.

Der Wald links und rechts wurde immer dichter. Es war wildromantisch. Die Sonne, die durch die Bäume leuchtete, gab dem Grün auf den Blättern einen satten Glanz. Zur linken Seite entdeckte ich einen rauschenden Wildbach – wie in den Alpen. Ich war begeistert. So eine wilde Natur, keine Besiedlung, alles noch im Urzustand, nichts war zugebaut.

Mein Interesse an diesem Land, wo es so viel Unvereinbares gab, wurde immer tiefer. Reichtum und Armut, Schönheit und unvorstellbare Hässlichkeit. Die großen Pfründe Indiens sind das Wissen, das ihre Kultur über Jahrtausende bewahrt hat, und der Glaube der Menschen an die Macht der Götter.

Ich war auf einer Hochebene angekommen und fuhr an großen blühenden Bougainvillea vorbei mit Tausenden lilafarbenen Blüten. Und schon sah ich den riesigen Tempel mit seinen Hunderten von Kuppeln. Ich musste die Schuhe ausziehen und viele Treppen hochsteigen. Als ich den Tempel betrat, blieb ich atemlos stehen. Ein goldenes

Licht, das von vier Himmelsrichtungen in den Tempel strömte, empfing mich. Mein Blick blieb an der Vielzahl der reich geschnitzten Marmorsäulen hängen. Ich konnte es nicht glauben, immer wieder ein Wald von Säulen, die in einer reich verzierten Kuppel endeten. Ich staunte, dass so etwas Graziöses aus Marmor überhaupt herzustellen ist.

Ich war in Weiß gekleidet und hatte einen weißen Turban um meine Haare gebunden. Da kam ein Herr mit einem roten Lendenschurz und einem gelben Schultertuch auf mich zu. Er stellte sich vor: »Ich bin hier der Oberpriester und Sie sind keine gewöhnliche Touristin.«

Stolz zeigte er mir nach dieser Begrüßung diesen wunderbaren Tempel. Ich hatte das Gefühl, als ob ihm das alles gehörte. Er führte mich zu einer besonderen Säule, in welcher der Kopf eines Mannes als Relief eingearbeitet war. »Hier sehen Sie einen meiner Vorfahren, wir sind seit vierhundert Jahren die Priester in diesem Tempel.«

Dann schloss er eine schwere alte Holztür auf, die zu einem Raum führte, in dem eine riesige Buddhastatue stand. »Dies ist unser Heiligtum. Ich erlaube Ihnen, hier allein zu beten.«

Nun saß ich vor diesem beeindruckenden Buddha und war aus vollem Herzen dankbar. Ich bat um Erkenntnis, um Führung, um vielleicht eines Tages einem Meister wie Buddha zu begegnen. Dies war mein sehnlichster Wunsch. Unser Leben ist eigentlich ein langer Pilgerweg, auf dem eine Begleitung gerade beim Älterwerden äußerst hilfreich wäre. Leider muss ich immer wieder feststellen, dass man allein gehen muss, allein entscheiden muss – aber dann wird einem geholfen, aus irgendeiner Ecke, die man überhaupt nicht für möglich gehalten hat.

Nach einer langen Weile holte er mich wieder ab, verschloss die schwere Holztür und ging mit mir in eine geschützte Ecke, wo ein kleinerer Buddha stand. Er schaute mich an und fragte, ob ich mit ihm meditieren wollte. Natürlich sagte ich Ja.

Er sah gut aus, hatte einen edlen Kopf, dunkles, dichtes, kurz geschnittenes Haar und leuchtende braune Augen. Seine Hautfarbe war wie Gold. Er hatte einen dunklen, kleinen gepflegten Bart und das gelbe Tuch gab eine behaarte männliche Brust frei.

Dieser gut aussehende Mann sang das »OM« mit einer wohlklingenden Stimme, die seinen ganzen Körper wie ein Instrument erklingen ließ. Ich verstand seine Worte nicht, aber ich fühlte Wärme und Geborgenheit und den Strom einer lichtvollen Energie, die durch mein ganzes Sein strömte. Noch nie in meinem Leben hatte ich Derartiges gespürt.

»Ist das Gott?«, fragte ich mich. »Ist das seine Liebe, die mich berührt?« Ich wünschte, diese Gebete mögen nie aufhören, diese Energie möge mich nie wieder verlassen.

Die Augen des Priesters waren mit einem Ausdruck unpersönlicher Liebe auf mich gerichtet. Er beendete das Gebet mit dem Urton »OM«. Dann nahm er meine Hand und liebevoll sagte er: »Alles ist gut, so wie es ist. Wenn du nichts festhältst, alles loslässt, was dich belastet, wirst du das wirkliche Leben spüren.«

»Traumhotel«. Ich stehe, indisch verkleidet, auf dem Lake Palace mitten im Wasser. Im Hintergrund der Maharadscha-Palast.

Anschließend führte er mich zu einer silbernen Statue, die zum Dekorieren am Boden des Tempels lag und von mehreren jungen Leuten mit Blumen geschmückt wurde. »Das sind Kunststudenten aus Mumbai«, erklärte er, »die diese Statue des Buddha jeden Tag neu schmücken.« Er sah mir tief in die Augen: »Wenn du Gott schmückst, schmückt er dich.«

Zum Abschied schenkte er mir mit einer leichten Verbeugung eine Rose: »Für deine Ausstrahlung.«

113

*D*ie glückliche
Großmutter mit ihrer
Enkelin Helena.

Glückselig verließ ich diesen Tempel der Schönheit und
des Friedens. Tagelang fühlte ich mich wie erhoben. Dieser Satz »Wenn du Gott schmückst, schmückt er dich«
hieß doch letztendlich »Wenn du das Leben schmückst,
schmückt es dich.«
Ich saß abends in meinem Zimmer und blickte in der
Dämmerung auf den See. Das Abendlicht hüllte mich ein
und ich wusste, dass ich ein Buch schreiben würde über
Indien, über Udaipur, um diesem Land meine Hochach-
tung und meine Dankbarkeit zurückzugeben. Ich wollte
unbedingt wiederkommen, weil ich dieses Gefühl des
Nach-Hause-Kommens nie so erlebt hatte wie beim Betre-

114

ten des indischen Bodens. Jetzt hatte ich wirklich etwas mit Indien am Hut.

So, Ruthchen, das hätten wir wieder geschafft, auf dem Weg zur Reifung, wie ein guter alter Wein, nicht sauer werden.

Leider bin ich jedes Mal, wenn ich besonders smart und jung vor meiner Enkelin Helena erscheinen wollte, hingeflogen. Einmal stürzte ich, weil ich am Berg elegant auf das Rad aufsteigen wollte, von demselben runter und schlug hart auf. Im Garten stolperte ich, weil ich Helena ein Buch bringen wollte, über den Rasenmäher, den ich vor lauter Eifer übersehen hatte. In Berlin rutschte ich, mit einem Bein in der Wanne, das andere schon draußen, in großem Bogen aus der Wanne und fand mich am Boden jammernd wieder. Ich fahre jeden Tag aus der Garage, aber wenn Helena im Auto sitzt, bringe ich es fertig, den Pfosten zu rammen. Nach diesen nicht ganz schmerzfreien Lernprozessen wurde ich achtsamer, schaute aufmerksamer, wo ich hintreten wollte, besonders in ihrer so geliebten Nähe.

Heilende Hände

In Udaipur erfuhr ich von der Kraft der Heilung, die auch in unseren Händen liegt. Viele Menschen wissen nicht, dass ihre Hände über Energiebahnen mit den Organen verbunden sind. Deshalb kann man über das Massieren der Handflächen die Organe wieder in Schwung bringen.

❖   Man massiert zuerst die Handfläche mit dem Daumen der anderen Hand. Dann lässt man den Daumen mit leichtem Druck eine Weile auf der Handinnenfläche liegen.

❖   Danach nehmen Sie den Daumen, massieren ihn leicht, umfassen ihn mit der ganzen Hand und mit leichtem Druck geben Sie ihm Energie. Der Daumen ist mit dem Magen und der Milz verbunden und gehört zum Erdelement, deshalb hat er so viel Kraft.

❖   Jetzt behandeln Sie den Ringfinger, der, mit Dickdarm und Lunge verbunden, zum Luftelement gehört. Umarmen Sie ihn mit der Hand und geben ihm somit Energie.

❖   Drücken Sie bitte auch die Nägel vorn und an den Seiten und lassen Sie sich Zeit.

❖   Dann üben Sie dasselbe mit dem Mittelfinger, der mit der Gallenblase verbunden ist, er gehört zum Holzelement.

❖   Umarmen Sie nun den Zeigefinger. Er ist mit der Niere und der Blase verbunden, sein Element ist das Wasser.

❖   Zum Schluss widmen Sie sich dem Feuerelement zugehörigen kleinen Finger, der mit Herz und Dünndarm verbunden ist.

❖   Behandeln Sie so jede Hand etwa zwanzig Minuten.

Hände massieren können Sie überall, wenn Sie irgendwo warten müssen, in der Bahn, im Flugzeug, beim Arzt oder vor dem Fernseher sitzend. Wenn ich nicht einschlafen kann, dann nehme ich mir meine Hände vor, darüber schlafe ich ganz bestimmt ein.

Ruhe zur Heilung

Innerlich heil, aber nicht gesund.

Eine Geschichte meldete sich aus dem Urgrund meines Körpers. Als ich ungefähr fünfunddreißig war, drehte ich in Ungarn »Zauberer Gottes«. Ich spielte eine wasserpolakische Zauberin und musste auf einem Pferd reiten, natürlich ungesattelt. Das konnte ich, denn als mein Vater nach dem Krieg einen Bauernhof in der DDR bekommen hatte, habe ich unsere Pferde in die Schwemme geritten. Ich stieg also auf das Pferd in einem langen altmodischen Kleid, die Kamera lief und ich ritt los. Nachdem die Aufnahme fertig war, wollte ich das Pferd mit »brr, brr, brr« anhalten, doch es ging mit mir durch.

Ich sah nur noch niedrige Bäume auf mich zukommen, hatte Angst, den Kopf zu verlieren, und schmiss mich vom Pferd. Es war ein furchtbarer Schmerz im Steißbein, doch der Regisseur Günter Gräwert, ein Ostpreuße, war mein Freund, also stand ich tapfer auf und drehte weiter. Was man mir nicht gesagt hatte: In Ungarn hören die Pferde auf die Befehle »pst« und nicht auf »brr«. Typisch Film.

Von da an hatte ich mein Leben lang Rückenschmerzen, aber der Indianer (und der Schauspieler) kennt keinen Schmerz: »The show must go on.«

Mein anderes Lebensthema waren meine Zähne, die mit sechsundsiebzig Jahren mal wieder grundsaniert werden mussten. Implantationen im Oberkiefer. Die Reaktion darauf waren Rückenschmerzen, die so stark wurden, dass ich kaum mehr sprechen konnte. In zwei Wochen musste ich zu Dreharbeiten nach Kanada. In Hamburg wurden Röntgenaufnahmen gemacht und es zeigte sich ein Bandscheibenvorfall. Der Arzt meinte, es sähe so aus, als ob irgendwann einmal die Lendenwirbel vier oder fünf angebrochen gewesen seien. Ich wusste sofort, wann das gewesen war … Natürlich, damals bei dem Sturz in Ungarn.

»Wir müssen Sie operieren«, meinte der behandelnde Arzt.

»Nein, das geht nicht, ich muss nach Kanada.«

»Also dann Spritzen unter dem Mikroskop gegen die Schmerzen«, die er mir verabreichte.

Zum Schrecken des Produzenten kam ich im Rollstuhl in Kanada an. Aber da ich eine alte, etwas böse Frau darstellen sollte, bat ich den Regisseur, ob ich nicht einen Stock benutzen könnte. Dieser fand es eine blendende Idee, die alte harte Frau mit einem Stock spielen zu lassen.

Nach dem Dreh flog ich wieder zurück nach Hamburg zur Untersuchung. Dort stellte man fest, dass die Nerven meines linken Beines bis zum Knie gelähmt waren. Operation? Nein, das wollte ich auf keinen Fall.

Ich flog zuerst einmal heim.

I̲n »Cinderella«, einem Fernsehfilm, der in Rom gedreht wurde, spielte ich 2010 die reiche Amerikanerin Mrs Cooper.

Ich versuchte, mit Massagen und Übungen meinem Rücken zu helfen. Ernst Mühlemann empfahl mir eine Physiotherapeutin, die nach der Methode Dorn und Preuss ausgebildet war, die ich so oft wie möglich aufsuchte. Der Rücken wurde langsam besser, aber mein linker Fuß war nicht mehr mein Fuß. Er klatschte auf den Boden und es klang, als ob King Kong gehen würde.

Ich versuchte, bei der Arbeit immer so zu gehen, dass mein Handikap nicht auffiel, aber ich sah es natürlich. Jammern gilt nicht.

Ich nahm es als Prüfung. Ein Stein, ein Brillant wird geschliffen und das tut weh.

119

Was halte ich körperlich unter welchen Bedingungen aus? Alles in meinem Leben kam jetzt zu mir zurück. Meine Kindheit mit dem Typhus und meine Rückenverletzung als junge Frau. Der Körper vergisst nichts. Viele Jahre habe ich es leider versäumt, mit ihm zu kommunizieren, weil ich es nicht besser wusste. Jetzt versuchte ich, mit meinem Körper, meinen Zellen zu reden. In der Meditation bat ich auch das Pferd um Vergebung und versuchte, genau zu visualisieren, was damals geschehen war, und es zu akzeptieren. Vielleicht hat es ein bisschen geholfen, geschadet hat es auf alle Fälle nicht.

Alles hat seine Zeit. Ich habe festgestellt, dass man mit Hinwendung und Aufmerksamkeit alles heilen kann. Man braucht dafür Geduld. Wenn man bedenkt, wie lange sich eine Krankheit Zeit nimmt, um sich zu zeigen, muss man ihr auch die Zeit der Heilung gönnen.

Wenn wir vollkommen denken würden, könnte sich unser Körper innerhalb von neun Monaten erneuern, genauso lange wie ein Kind braucht, um auf die Welt zu kommen. Unsere Zellen sind bereit, doch wissen auch sie inzwischen nicht mehr, wie es geht. Also müssen wir ihnen helfen. Wir haben noch eine Urzelle in uns und diese sollten wir aktivieren.

Jede Verletzung schenkt uns die Chance, dass wir sie heilen können, im Einvernehmen mit dem Körper. Das ist die Erfahrung meines doch schon langen Lebens. Vorher sollten wir versuchen, die Krankheit und die Schmerzen anzunehmen und zu akzeptieren. Danach dürfen Sie auf keinen Fall mehr sagen: »Ich habe die und die Krankheit«, sondern nur noch Gesundheit suggerieren. Wichtig ist es, dann so lange zu danken, dass man gesund ist, bis unser Körper geneigt ist, unser Denken anzunehmen, und Heilung erfolgen kann.

Ich habe mir Zeit gegeben, habe mich nicht operieren lassen. Noch heute stellt mich mein Rücken immer wieder vor neue Erfahrungen. Aber ich kann recht und schlecht damit leben.

Weil ich viel spazieren gehe, versteht mein linker Fuß, der mich in Atem gehalten hat, jetzt langsam, dass er gesund ist. Ich »spreche« mit ihm: »Ich tue etwas für dich, also tust du jetzt etwas für mich. Sei nicht beleidigt, bitte verzeih mir, dass ich dich zu wenig beachtet habe. Du hast Aufmerksamkeit gefordert und ich hoffe, ich habe sie dir nun gegeben.«

Das ist nur ein Beispiel, wie wir mit den schmerzenden Körperteilen sprechen können. Wir sollten unsere Erwartung der Heilung loslassen, nicht glauben, dass morgen schon alles besser ist, sondern erst dann, wenn der Körper es will. Dieses Vertrauen nähre ich immer wieder in mir.

In jedem Augenblick haben wir die Chance, anmutig älter zu werden. Jetzt müssen wir nicht mehr sexy sein, da ist doch schon eine große Last von uns abgefallen. Wir können den Sonnenaufgang genießen und die Sonne untergehen sehen und legen unser Leben in den täglichen Rhythmus. Niemandem müssen wir beweisen, dass wir schön sind, denn wir haben uns unsere innere Schönheit erworben, die wertvoller und bleibend ist. Wir haben unser Lächeln und sind jung im Kopf. Außerdem kann man jeden Tag etwas dazulernen, es ist nie zu spät.

Bürstenmassage

*D*amit ich mich jeden Tag mehr lebendig als tot fühle, mache ich morgens die Bürstenmassage nach Dr. Jentschura, die ich für meine Bedürfnisse abgewandelt habe.

Die Haut ist unser größtes Ausscheidungsorgan, dies sollten wir nicht ungenutzt lassen. Wenn ich beim Drehen keine Zeit habe, mein Programm durchzuziehen, kann man zusehen, wie ich von Minute zu Minute älter werde.

Die Bürstenkur mache ich schon seit mehreren Jahren. Mir ist klar, dass eine berufstätige Frau gar nicht die Zeit hat, dies täglich auszuführen, aber einmal in der Woche sollte man diesen Luxus seinem Körper und sich selbst gönnen.

Die Bürstenstriche sollten immer in Richtung der Lymphausscheidungspunkte gehen, diese befinden sich an den Handflächen, in den Achselhöhlen unter den Armen, in den Leisten an den Oberschenkeln, an den Knien und an den Füßen. Diese Bürstenmassagen entgiften und stabilisieren unsere Gesundheit.

❖ Ich lege mich auf den Rücken und stelle meine Füße so hoch wie möglich an die Wand. Dann beginne ich mit der Bürstenmassage.

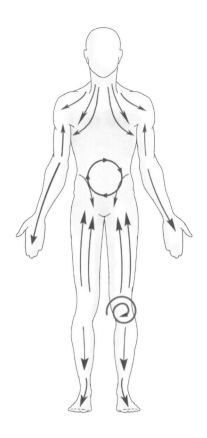

❖ Für das Gesicht gibt es eine kleine Bürste, diese ziehe ich von der Mitte der Stirn siebenmal nach rechts zum Ohr und siebenmal nach links zum Ohr.

❖ Unter den Augen siebenmal nach rechts und siebenmal nach links, um den Mund, über die Wangen runter zum Hals, dann am Kinn das gleiche Verfahren. Immer alles bis über den Hals zur Schulter hin ziehen. Damit entschlacke ich mein Gesicht, weil ich in Richtung der Lymphbahnen bürste.

❖   Jetzt nehme ich eine größere Bürste und bearbeite meine Halsschlagader, dann die Schulter und beachte, dass immer alles zum Ausscheidungspunkt der Lymphe unter die Achsel fließt.

❖   Dann bürste ich den Oberarm vom Ellbogen zur Lymphe unter und über dem Arm, je siebenmal. Nun vom Ellbogen über die Handfläche bürsten, weil die Handfläche ein Ausscheidungspunkt ist. Siebenmal innen und siebenmal außen. Am rechten Arm gehe ich genauso vor.

❖   Ich setze mich nun aufrecht. Mit zwei Bürsten fahre ich über den linken Unterschenkel vom Knie zum Fuß und dieselbe Tortur über den rechten Unterschenkel. Mit den Bürsten aktiviere ich auch meine Fußsohlen.

❖   Meine Oberschenkel bearbeite ich ebenfalls mit zwei Bürsten, mit kräftigen Streichungen vom Knie bis zur Leiste. Jede Seite natürlich. Im Anschluss behalte ich die zwei Bürsten in der Hand und streiche über die Hüften zur Leiste nach vorne. Nicht vergessen, sieben Mal.

❖   Immer noch mit den zwei Bürsten fahre ich jetzt über die Nieren nach vorn zum Bauch. Hinten von den Rippen streiche ich mit den beiden Bürsten nach vorn über die Brüste zu den Lymphen unter die Achseln.

❖   Jetzt wartet schon der obere Rücken auf seine Behandlung. Hierzu nehme ich eine Bürste mit einem langen Stiel und mache runde lange Bewegungen über die Haut meines Rückens.

❖   Abschließend klopfe ich mit meinen beiden Fäusten die Energie in meinen ganzen Körper hinein. Meine Qi-Gong-Lehrerin lehrte mich, besonders in der Mitte der

Oberarme aufmerksam zu klopfen, weil dort unsere Hormonzentren liegen.

❖   An der linken Brustseite liegt mittig die Thymusdrüse, verantwortlich für unsere Jugend, diese klopfe ich leicht mit den Fingerspitzen je nach Gefühl.

Das Leben selbst gestalten

Durch meinen Entschluss, von München wegzuge-
hen, wurde ich mit einer Landschaft belohnt, die
unendlich weit ist. Überall, wo das Auge verweilen kann,
trifft es auf Schönheit. Besonders im Frühjahr leuchten die
blühenden Kirschbäume in ihrem weißen Brautkleid. Das
junge Grün des Waldes und dazwischen weiß blühende
Schlehenbäume erschüttern mich in ihrer Zartheit. Der
See, der manchmal aussieht wie reines Silber. Die Umrisse
der Ufer erscheinen nebelhaft wie ein riesiges Aquarell.
Die glühenden Sonnenuntergänge tauchen den Wald in
ein orangefarbenes Licht. Die Insel Reichenau und ihr
Schilf leuchten maronengold. Später verfärbt sich alles in
ein zartes Rosa, das sich in glühendes Rotgold wandelt,
wenn sich die Sonne verabschiedet und der See nachglüht.
Wow, und hier darf ich wohnen!

Eigenverantwortung ist das Hauptthema meiner Bücher.
Was ich selbst entscheide, kann zwar schiefgehen, aber
ich kann mich dann nicht beklagen und die Schuld auf
andere schieben. Eine Opferhaltung im Leben zahlt sich

nicht aus. Das Leben ist immer bereit, uns zu überraschen, manchmal sogar mit verblüffenden Wendungen.

An einer Wegkreuzung sollten wir nicht vor lauter Angst verzweifelt stehen bleiben, weil wir nicht wissen, welchen der Wege wir gehen sollen. Es gibt keinen falschen oder richtigen Weg. Wähle! Die Wahl, die wir haben, ist für mich die größte Freiheit. Auch der »falsche Weg« lehrt uns eine Erfahrung, die wir anders nicht machen würden. Und nur durch Erfahrungen lernen wir. Nie stehen oder sitzen bleiben, immer mutig weitermachen. Goethe sagt: »Im Mut liegt der Genius.«

Man kann nicht unbedingt sagen, dass der Jugendwahn immer noch das deutsche Fernsehen regiert. Doch schreibt eben kein Fernsehautor Rollen für Frauen über siebzig. Das musste ich also weiterhin selbst tun.

Damals in Udaipur war der Wunsch in mir aufgetaucht, ein Buch über die tiefe Spiritualität Indiens zu schreiben. Die Geschichte war über Monate in mir gereift. Die Hauptfigur hieß Anna und ihre überaus enge, fast zu enge Beziehung zu ihrem Sohn war das Thema. Ich legte sogleich fest, dass Anna über siebzig Jahre alt ist, um mir die Möglichkeit zu lassen, sie selbst zu spielen. Anna erlebte all das, was mich in Indien beeindruckt hatte.

Das Schreiben hatte gut begonnen, doch dann geriet ich in eine Schreibkrise und kam mit der Geschichte nicht weiter. Mir fehlte zu Hause einfach die nötige Ruhe. Wolfgang hatte die Idee, ich solle in den Oman fliegen, da könne ich in Ruhe das Buch schreiben und sei am indischen Ozean. Er kenne dort ein wunderschönes Hotel.

Also flog ich nach Muskat. Das Hotel hat eine Halle in der Größe eines Doms, durch die jeden Morgen Schwaden von Weihrauch strömen, die sich auch in den Gängen verteilen. Ich fühlte mich vom ersten Moment an in diesem von bizarren Felsen umgebenen Gebäude mit seinem kilometerlangen Strand so wohl wie in Indien. Von früh bis in die Abendstunden schrieb ich im Garten im Schatten der Palmen, ab und zu ging ich ins Wasser oder spazierte allein an dem Gott sei Dank einsamen Strand entlang.

Nachdem »Der indische Ring« als Buch herausgekommen war, wollte Regina Ziegler dieses auch mit mir in der Hauptrolle in Udaipur verfilmen. Sie ist eine mutige Produzentin. Acht Tage vor dem Drehtermin flog ich voraus, weil noch der Ring gefertigt werden musste, der im Film eine wichtige Rolle spielte. Auf einem Karneol sollte das Bildnis von Shiva und Parvati zu sehen sein. Da ich wusste, dass beim Film manchmal fast alles schiefläuft, nahm ich vorsichtshalber einen Rubincabuchon und Zeichnungen von alten Ringen mit. Der Ausstatter des Films versuchte, in Mumbay den gewünschten Ring zu bekommen, allerdings ohne Erfolg. Als er nach Udaipur kam, hatte er natürlich keinen Ring im Gepäck und wollte netterweise den Ring so gestalten lassen, wie ich ihn im Buch beschrieben habe. Ich führte ihn zu Manu, meinem Freund mit dem Silbergeschäft, den ich bei meinem letzten Aufenthalt kennengelernt hatte. Manus Freunde meinten, sie könnten die beiden Götter in einen Karneol schnitzen. Doch der Stein zersprang ihnen bei dem Versuch, Shiva und Parvati gemeinsam abzubilden.

In ihrer Verzweiflung schnitzten sie jetzt jeweils nur einen
Stein mit der Göttin Parvati, einen mit dem Gott Shiva
und einen mit Ganesha, dem Schutzgott der Inder. Als wir
anfingen zu drehen, hatten wir drei Steine, aber immer
noch keinen Ring. Wie gut, dass ich vorgesorgt hatte.
Manu hatte meinen Rubin mit einer Goldfassung umklei-
det, auf der in Sanskrit »Om Nama Shiva« geschrieben
stand. Für die zarten Finger der indischen Schauspielerin
war dieser Ring jedoch viel zu groß und zu schwer, deshalb wurde Pflaster um die Innenseite des Rings gewickelt
und schon passte er. Damit die jungen Leute keinen Ver-

129

lust hatten, ließ ich die drei Steine jeweils als Anhänger fassen und kaufte sie ihnen ab.

Für mich war es wundervoll, wieder in Indien zu sein und auch mit einem teilweise indischen Team zu arbeiten. Alle jüngeren Mädels verliebten sich in diese smarten indischen Jungs, die bei jeder Gelegenheit, sobald nur ein bisschen Musik erklang, tanzten.

Regina Ziegler hat mir am Ende der Dreharbeiten den Ring geschenkt.

Ich habe große Freude dabei, mir Geschichten auszudenken mit starken Frauenpersönlichkeiten, die ich dann selbst auch spielen kann. Noch ein drittes Mal gelang mir dies mit meinem Buch »Im Fluss des Lebens«. Das Buch spiegelt meine Liebe zum Tessin wider und beinhaltet meine Ansichten und Erfahrungen über das Leben und den Tod – ich finde, es ist eines meiner tiefsinnigsten Bücher, um mal ein bisschen Eigenwerbung zu betreiben.

Aus Kostengründen wurde der Schauplatz nach Mallorca verlegt. Obgleich ich ahnte, dass es nicht funktionieren konnte, stimmte ich zu. Ich war neunundsiebzig Jahre alt und dachte, es würde wahrscheinlich meine letzte Rolle werden. So habe ich mir meine eigene Geschichte kaputt gemacht. Die Schauspielerin hat die Schriftstellerin verraten. Mehr kann man dazu nicht sagen.

Chakra-Aktivierung beim Duschen

Wenn man sich frisch halten will, im Kopf wie im Körper, gibt es nichts Besseres, als jeden Morgen heißkalt zu duschen. Diese Empfehlung ist von Pfarrer Kneipp.

Zum Duschen stelle ich den mittleren, ruhig fließenden Strahl ein, wie bei einem Wasserschlauch. Die nervösen vielen Strahlen einer Dusche mag ich nicht. Sie müssen unbedingt eine Dusche haben, die Sie auf den mittleren Strahl einstellen können, denn dies ist der Kneipp-Strahl.

❖ Ich dusche mich erst heiß, nehme nie zu viel Seife, dann fahre ich mit dem heißen Strahl am linken Bein innen hoch und außen wieder runter, dasselbe am rechten Bein.

❖ Ich fahre zum Steißbein, dort befindet sich mein Wurzelchakra, dies ist das Chakra, das uns mit der Erde verbindet und unsere Lebensenergie hütet. In kreisenden Bewegungen halte ich den Strahl des heißen Wassers in dieses Chakra.

❖ Dann gehe ich weiter mit kreisenden Bewegungen über meinen Bauch, führe den Wasserstrahl in mein Herzchakra, gehe weiter und lasse das heiße Wasser wie einen warmen Mantel über meine Schultern fließen. Dann führe ich die Dusche vorn und hinten an mein Halschakra. Dann umfahre ich mein Gesicht mit dem Wasser.

❖ Vorsicht: Bitte duschen Sie nur so heiß, wie es Ihr Körper verträgt.

❖ Die ganze Prozedur kann ich, wenn ich lustig bin, zweimal ausführen. Mein Körper ist dann ganz warm.

❖ Dieselbe Prozedur vollführe ich jetzt mit kaltem Wasser: linkes Bein innen hoch, linkes Bein außen runter, rechtes Bein

131

innen hoch, rechtes Bein außen runter, dann machen Sie bitte so weiter, wie ich das Ritual mit dem warmen Wasser beschrieben habe. Sie werden sich danach taufrisch fühlen. Vor allen Dingen bekommen Sie nicht so leicht eine Erkältung.

❖ Wenn man sich einmal ganz elend fühlt, sollte man das Ganze zweimal hintereinander machen, heiß, kalt, heiß, kalt.

Übrigens hat Pfarrer Kneipp mit der Kaltwasserprozedur Halbtote wieder erweckt. Dieser wunderbare Pfarrer war einer der wenigen Wissenden um unsere geistigen Energiechakren, die für die Gesundheit unseres Körpers mitverantwortlich sind. Ich halte eine Kneippkur heute immer noch für das Beste, was man seinem Körper anbieten kann.
Ebenso hat er dazu geraten, immer einen Schal um den Hals zu tragen, um uns zu schützen. Über das hintere Halschakra nehmen wir zu viel fremde Schwingungen auf. Ich gehe nie ohne Schal aus dem Haus.

Die allwissende Weisheit

Eines Nachts träumte ich, dass ich als kleines Mädchen Jesus, an einem Baum stehend, reden hörte. Als die Menschen sich verliefen, ging ich mutig auf ihn zu und sagte: »Ich will auch ein Jünger von dir werden.« Jesus lachte, strich mir über den Kopf und sprach: »Du bist schon immer ein Jünger von mir.« Ich wachte sehr glücklich auf. Ja, das wäre es, ein Jünger von Jesus in irgendeinem Leben.

Mein Heiligwerden habe ich zwar immer wieder zurückgestellt, doch nie aus den Augen verloren. Ich war immer interessiert und offen für alle Formen des Heiligwerdens, beschäftigte mich mit den alten Mystikern ebenso wie mit Hinduismus und Sufismus.

In Indien lernte ich einen Sufi-Meister kennen. Mich faszinierten die Ruhe, die Liebe und der Friede, die dieser noch relativ junge Mann ausstrahlte. Neugierig fragte ich ihn, wie man das erreiche. Seine Antwort war: »Von Kindheit an wurde ich erzogen, meine Aufmerksamkeit nach innen zu richten. Zu schweigen, zu hören, Gott zu lieben. Mein Bewusstsein voll auf Gott zu lenken, bei allem, was ich tue, auch im Schlaf. Immer verbunden mit dem Atem.«

Seit dieser Begegnung habe ich mich intensiv mit dem Sufismus beschäftigt. Die Sufis hüten das geheime Wissen der Welt. Sie identifizieren sich mit den Wurzeln des Islams, anerkennen jedoch auch Jesus als Propheten oder Buddha oder Shiva. Es fasziniert mich, wie sie sich aus dem Dogma einer Religion lösen und gleichzeitig ihre Grundlage lieben, benutzen, leben.

Gott ist ihr Geliebter. Sie gehen mit absolutem Vertrauen auf den Stufen der Erkenntnis, die ein Sufi in immerwährender Aufmerksamkeit zu gehen hat, um die Zeichen auf dem Weg zu verstehen – und seien sie noch so unbedeutend. Geduld und Dankbarkeit, Furcht und Hoffnung sind die Flügel, die den Sufi über die Wasser Gottes hintragen zur Gotterkenntnis.

Ich hatte die Idee, eine Geschichte über einen Sufi zu schreiben und vor allem meine lang gehegte Liebe zum Volk der Berber in Worte zu kleiden. Ich wollte einen Meister lebendig werden lassen, der alle Religionen studiert hat, dieses Wissen in sich vereint und über allen Religionen steht.

In meinem Buch »Sterne über der Wüste« wurde so ein Sufi-Meister mit Namen Muad von einer Hugenottin, Sophie von Contard, geliebt. Die Geschichte verlegte ich in die Wüste von Marokko, in der es nichts gibt, was einen ablenkt, nur Sand und Himmel.

Meine Enkelin suchte mir im Internet ein Hotel in der Wüste und fand eines, das wie ein Haus eines Berber-Clans aussah, eine Kasbah in der Nähe von Tamegroute.

Ich flog nach Marokko. Ein Berber holte mich am Flughafen mit einem Jeep ab und wir fuhren über den Hohen Atlas. Am Beginn unserer Fahrt waren die Berge und Bäume noch grün, wirklich grün, doch die Vegetation wurde immer spärlicher. Man fuhr durch eine Felsenlandschaft, in der sich die Farben von Stunde zu Stunde änderten.

Das Beeindruckende war, dass jeder Berg eine andere Farbspiegelung hatte. Das Rötliche der Erde blitzte hervor, Grün war immer nur stellenweise zu sehen, dann jedoch tief leuchtend. Nach sieben Stunden hielten wir an einem Restaurant auf einem Berg. Am Eingang hingen gehäutete Schafshälften. O Gott, was sollte ich hier essen? Ich entschied mich für frisch gebackene Fladen, die herrlich dufteten und wunderbar schmeckten. Keineswegs hätte ich das fette Hammelfleisch runtergekriegt. Der grenzenlose Blick vom Restaurant ließ alle Strapazen vergessen. Ich atmete die Weite ein und fühlte die herbe Schönheit dieser Urlandschaft.

Leider wurde es bald dunkel und die Berge hörten nimmer auf. Nach zwölf Stunden kamen wir endlich in meinem Hotel in der Wüste an. Da sah ich aus wie hundert. Der Österreicher, der das Hotel leitete, erkannte mich nicht einmal. Das änderte sich zum Glück schnell. Am nächsten Morgen hatte ich mich auch wieder erholt.

Dort in der Wüste sah ich die schönsten Tageshimmel. Der Sonnenaufgang verwandelte den Sand morgens erst in reinstes Gold und überschüttete ihn dann mit Orange. Unvergesslich!

Am Tag war es so weiß und heiß, dass man am besten die Augen schloss und sie erst am Abend wieder öffnete, wenn der Himmel beruhigend indigofarben herabblickte. Die einzelnen Sternenbilder konnte man nicht erkennen, weil der ganze Himmel mit funkelnden Brillanten übersät war.

Ich war jetzt mittendrin im Leben der Berber. Gleichzeitig erlebte ich in der Wüste eine Zeit der tiefen Stille, mit diesem endlosen Himmel, an dem sich am Abend wunderbare Wolkenbildungen zeigten. Es war das einfache, natürliche Leben, das mich glücklich machte.

Vielleicht war dieses einfache Leben auch eine Form von Heiligwerden? Oder?

Abendgebete

Die ersten beiden meiner Abendgebete sind dem Buch »Das Leben und die Lehren der Meister im Fernen Osten« entnommen.

»Ich danke Dir, Gott, für den Überfluss an Leben und Licht, voll und frei, für vollkommenen Wohlstand, Gesundheit, Kraft und unbegrenzte Freiheit.«

Die Meister sagen: »Übt euch darin, das Bewusstsein der Kindheit in euch aufrechtzuerhalten. Stellt euch das göttliche Kind vor, das in euch lebt. Bevor ihr einschlaft, sprecht zu eurem Bewusstsein: ›Ich erkenne, dass in mir ein geistiger Körper der Freude ist, immer jung, immer schön. Gemüt, Augen, Nase, Mund, Haut sind schön und geistig. Ich besitze den Körper des göttlichen Kindes, der heute Nacht vollkommen ist.‹ Wiederholt diese Versicherungen und seid euch gewiss, dass ein göttlicher Alchemist in euch wohnt und durch diese Versicherung in der Nacht eine Verwandlung in euch stattfindet.«

Meine Gedanken zur Nacht sind von Franz von Assisi:

»O Herr, mache mich zum Werkzeug deines Friedens, dass ich Liebe übe, da wo man sich hasst, dass ich verbinde, da wo Streit ist, dass ich Hoffnung erwecke, wo Verzweiflung quält, dass ich ein Licht anzünde, wo die Finsternis regiert. O Herr, lass du mich trachten, nicht dass ich getröstet werde, sondern dass ich tröste. Nicht dass ich geliebt werde, sondern dass ich liebe. Denn wer da hingibt, der empfängt. Wer sich selbst vergisst, der findet, und wer verzeiht, dem wird verziehen. Amen, Amen, Amen.«

Selbst erfüllende Prophezeiungen

Unsere Gedanken schaffen unsere Wirklichkeit. Obwohl ich das weiß, gelingt es mir immer noch, dieses zu vergessen und unbewusst eine Realität zu schaffen, die ich genau so nicht will.

Wolfgang wünschte sich, dass ich im Special zum dreißigsten Jubiläum des »Traumschiffs« eine kleine Rolle übernehme. Das Ganze sollte in den Südstaaten Amerikas, in Savannah, stattfinden. Ich schrie laut auf: »O Gott, die weite Reise für einen halben Drehtag!« Doch Wolfgang malte mir in den blühendsten Farben aus, dass wir zuvor einige Tage in New York verbringen könnten und rechtzeitig einen Tag vor meinem achtzigsten Geburtstag zurückseien.

»Es ist sowieso besser, wenn du den Leuten erzählst, du bist gar nicht da, damit der Trubel nicht zu groß wird. Du bist irgendwo im Flugzeug unterwegs.«

Ich dumme Gans tat, was er mir riet, und erzählte natürlich brav allen Leuten, dass ich an meinem Geburtstag in einem Flugzeug säße. Und was passierte?

Wir flogen am 31. Juli mittags von Savannah nach Atlanta. Von dort sollten wir weiter nach New York fliegen, um den Nachtflug in die Schweiz zu erreichen. Vor dem Start nach New York wurde uns mitgeteilt, dass das Flugzeug aufgrund starker Gewitter vorerst nicht abheben könne. Wir kamen viel zu spät in New York an und mussten dort noch eine Nacht und einen Tag verbringen.

Der Aufenthalt war alles andere als schlimm. Wie Kinder fuhren wir in der Pferdekutsche und genossen den kühlen Fahrtwind im heißen New York. Wolfgang war gütig und begleitete mich ausnahmsweise in einen Museumsshop, in dem ich mir nachgemachten Schmuck von Tiffany kaufte. Am Abend saßen wir im Flugzeug. Wieder kam die Durchsage des Kapitäns, dass wir wegen starker Gewitter in den nächsten Stunden nicht starten können. Da fing ich an zu heulen, weil ich mir ausrechnete, dass wir frühestens am Mittag meines Geburtstags in Zürich landen würden und ich am darauffolgenden Tag schon nach London fliegen musste.

Mir ist es wichtig, meinen Geburtstag in Ruhe zu verbringen. Jetzt erlebte ich, dass ich es mit meinem blöden Gequatsche wirklich geschafft hatte, an meinem Geburtstag im Flugzeug zu sitzen. Die Gewitter waren sehr liebenswürdig und verzogen sich eher als gedacht. Wir landeten am 2. August um 9.00 Uhr in Zürich, um diese Zeit bin ich auch geboren.

Mein Geburtstag, den ich immer heiß ersehne, weil ich um diese Zeit, egal, wie alt ich werde, so blödsinnig glücklich bin, war nun endlich da.

»Traumschiff«.
Drei Tage vor
meinem achtzigs-
ten Geburtstag in
Savannah. Es war
der kürzeste
Drehtag meines
Lebens.

In irgendeinem klugen Buch habe ich gelesen, wie wichtig der Geburtstag für uns Menschen ist. Ich wurde also am 2. August im Zeichen des Löwen geboren. Ein Astrologe könnte nun genau ausrechnen, wie Jupiter, Venus oder Merkur in meinen Häusern stehen. Auf alle Fälle wurden mir diese Energien als kosmische Begleitung für mein Leben mitgegeben.

Jeweils am Geburtstag erneuert sich diese kosmische Energie oder Kraft und du kannst sie dir für das neue Lebensjahr verfügbar machen. Meine kosmischen Geschwister, die auf der geistigen Ebene verweilen, umscharen mich acht Tage vor und acht Tage nach meinem Geburtstag. Ich spüre um diese Zeit, dass ich in eine unvergleichlich höhere Energie eingehüllt bin. Wichtige Entscheidungen in meinem Leben sind oft um den Geburtstag herum gefallen.

Heidi holte uns vom Flughafen ab. Wolfgang und sie tuschelten im Auto, aber ich war viel zu müde, um irgendetwas mitzubekommen. An Wolfgang gehen solche großen Reisen spurlos vorüber. Ich sah mal wieder aus wie hundert. Als ich unter der Dusche stand, rief Heidi: »Ruth, du musst in den Garten kommen, Renata Caddy ist da.« Renata hatte lange vor mir auf der anderen Seeseite einen spirituellen Garten gebaut und wir waren uns durch unsere Gärten sehr verbunden. Um meine nassen Haare wickelte ich einfach ein Tuch, zog eine weiße Hose und ein T-Shirt an und sprang in den Garten. Erstaunt sah ich, dass Heidi das Gartenhäuschen bayerisch geschmückt hatte. Es empfing mich nicht nur Renata Caddy, sondern auch der Salensteiner Männerchor, sechzig Männer in weißen Hemden und schwarzen Hosen, die mir ein Geburtstagsständchen darboten. Ich sah Wolfgang oben vom Balkon mit einem süffisanten Lächeln zu mir herunterschauen.

Heidi bewirtete den Chor mit Weißwürsten, Brezeln, Bier und Wein. Kaum waren die Männer gegangen, kamen weitere Gäste – von der erträumten Ruhe und Erholung nach dem langen Flug keine Spur. Dann überraschten mich noch meine Familie und meine engen Freunde.

Wolfgang saß fröhlich in der Runde und wie immer verschwand er nach einer Weile. Als endlich Ruhe war, packten Heidi und ich die Koffer für vier Wochen England. Spätabends saßen Wolfgang und ich auf dem Balkon, der nach Westen liegt, und genossen den Sonnenuntergang, der auf dem See noch lange wie glänzendes Gold nachwirkte.

Es fällt mir jedes Mal schwerer, mich von meinem Zuhause und dem Garten zu trennen. Vor allem vermisse ich überall, wo mich mein Beruf hinführt, die sanfte lichtvolle Landschaft des Untersees.

Meditation
mit der göttlichen Mutter

Meine tägliche Meditation bringt mich, wo immer ich auch bin, wieder in meine Mitte.

❖ Ich bitte meine göttliche Mutter, mich in dieser Meditation zu führen, zu leiten und zu segnen, damit ich wieder heil werde. Meine eigenen, von dir geschenkten Heilkräfte aktiviere ich durch die einzige Energie, die das Universum und die Schöpfung erfüllt, die mir in unbegrenzter Fülle zur Verfügung steht, die ich in jedem Moment meines Lebens einatme.

❖ Ich stelle mir jetzt vor, dass das ganze Universum mit Licht erfüllt ist, weiße Lichttropfen, die leuchten wie Diamanten. Dieses Licht, diese Energie ist erfüllt mit der Intelligenz, der Weisheit und der Liebe Gottes. Ich atme diese kraftvolle

Energie jetzt bewusst mit einem tiefen Atemzug ein. Nicht nur mit meiner Nase, sondern über jede Zelle meines Körpers. Dabei bemerke ich einen leisen elektrischen Strom, der in mich hineinfließt.

❖ Ich atme bewusst diesen Strom dreimal langsam ein und dreimal langsam aus. Alles ist Energie und Schwingung in dieser Schöpfung und ich erhöhe mit dieser Energie über meinen Atem die Gesundheit in meinem Körpertempel.

❖ Es wird mir bewusst, dass mein Körper der Tempel Gottes ist. Eine Kirche, eine Kathedrale, in der Gott wohnt. Mein Herz ist ein riesengroßer Raum. Ich fühle diesen Raum, wie er sich ausdehnt in die Weite des Universums.

❖ Ich bitte meine göttliche Mutter darum, dass alle destruktiven Bilder der Angst, der Wut, der Verzweiflung, die sich in diesem Raum manifestiert haben, ebenso negative Erinnerungen meiner Zellen durch diese liebevolle, weisheitsvolle Lichtenergie aufgelöst und geheilt werden.

❖ Ich lasse alle meine Gesundheit belastenden Energien aus meinem Herzensraum los und atme sie in das Universum aus.

❖ Ich atme Lichtenergie langsam und ruhig in mein Herz ein und stelle mir vor, wie mit einem großen Lichtschwamm alle Bilder der Angst, der Verzweiflung gelöscht werden.

❖ Nachdem ich mich im Herzensraum frei fühle, versuche ich, diesen Lichtstrom durch alle Blockaden meines Körpers fließen zu lassen und mit seiner Kraft alles Negative, was noch in mir ist, über meine Füße der Erde zu übergeben. Die Erde arbeitet diese Energie in Wachstumsenergie um.

❖   (Auch wenn Sie nicht daran glauben und auch das Licht nicht sehen, in dem Sie es tun, geschieht es.)

❖   Über den Atem befreie ich meinen Körpertempel von allen Altlasten, allem Gefühls- und Gedankenmüll, den ich nicht mehr brauche und auch nicht mehr will.

❖   Auch danke ich meinem Körper, dass er mich in diesem Leben auf der Erde trägt und mir die Möglichkeit gibt, zu wachsen, zu lernen, mein Menschsein zu vervollkommnen.

❖   Danke allen Organen, allen Zellen, allen Gelenken. Meine Lymph- und Blutbahnen bitte ich, die Abläufe in meinem Körper in Harmonie geschehen zu lassen.

❖   Jetzt atme ich tief und ruhig ein und fühle mich in meinem Körpertempel zu Hause und geliebt, wo immer ich auch bin.

Dem Alter ins Antlitz blicken

Erstens kommt es anders und zweitens als du denkst. An einem schönen Tag im August nahm ich mir vor, nur noch zu malen und meinen Beruf als Schauspielerin endgültig loszulassen. Um drei Uhr nachmittags rief mich meine Agentin an: »Bist du bereit, Probeaufnahmen zu machen für den Film ›Frau Ella‹?«

Mein Freund Carlo, der aufmerksam Stoffe für mich sucht, hatte mir bereits vor zwei Monaten den Roman mit der Bemerkung geschickt: »Das wäre eine Rolle für dich.« Aber meine Agentin wehrte damals ab: »Die suchen wahrscheinlich einen völlig anderen Typ, du bist viel zu kraftvoll und zu jung.«

Zu jung, haha.

Nun, es sollte anders kommen. Ich ging zu Probeaufnahmen nach Berlin. Der erste Mann, den ich dort kennenlernte, war Emrah Ertem, der mich jetzt schon zum zweiten Mal für eine Rolle vorgeschlagen hatte. Dann begegnete ich dem Regisseur Marcus Goller, einem noch

» $\mathcal{F}$ rau Ella« zeigt
ihrem jungen Freund das
Geschenk ihres Liebsten,
einen Schmetterling.

jungen Mann mit den schönsten Augen, die ich je gesehen habe, zwischen blau und violett. Er fragte mich, ob ich bereit sei, eine weiße Perücke aufzusetzen. Diese könnte ich selbst aussuchen, denn ich sollte mich damit wohlfühlen.

Als ich die Perücke aufhatte, kam Matthias Schweighöfer und sagte: »Sie ist es.«

Ich machte die Probeaufnahmen und hatte ein gutes Gefühl. Obwohl meine Zähne gerade wieder einmal frisch renoviert wurden und ich ein Provisorium im Unterkiefer

147

trug, bekam ich die Rolle. Sie führte mich zunächst nach Berlin, dann in die Bretagne und nach Paris.

In der Bretagne spürt man noch den keltischen Ursprung. Es überraschte mich nicht, dass ich in meiner vielleicht letzten Rolle noch einmal zu den Kelten in ein anderes Land geführt wurde.

Peter Dawkins, ein englischer Landschaftsarchitekt, der viele Bücher über keltische Kultplätze und Bräuche geschrieben hat, entdeckte, dass mein »Garten der Aphrodite« in früheren Zeiten ein keltischer Kultplatz gewesen war. Das keltische Urwissen über die Natur und der Respekt vor jedem Baum, das Einssein mit allem, was ist, faszinieren mich.

Die Druiden, die Lehrer und Priester waren, lehrten ihre Schüler in der Natur. Das Wissen wurde nur mündlich überliefert. Da es keine Aufzeichnungen von den Kelten selbst gibt, wissen wir so wenig über diese Weisheit. Julius Cäsar hat zwar über keltische Bräuche geschrieben, doch waren diese aus seiner Sicht römisch gefärbt.

Die Kelten hatten viele heilige Orte, die durch hohe Steine oder die erhabene Schönheit des Platzes gekennzeichnet war. Später hat die katholische Kirche auf diese heiligen keltischen Lichtplätze ihre Kirchen gebaut. Altötting, dieser große einmalige Platz, war beispielsweise ursprünglich ein keltischer heiliger Ort – um nur einen zu nennen.

Die Natur und die Landschaft der Bretagne wirken rau, ursprünglich und unverdorben von Menschenhand.

An einem freien Drehtag ging ich in die große Markthalle von Quimper und aß seit ungefähr zwanzig Jahren wieder

Austern. Ich genoss ihren frischen Meeresgeschmack. Wie gerne habe ich in Hamburg früher Austern gegessen. Vor jeder Premiere ging ich ins »Vier Jahreszeiten«, aß am Mittag zwölf Austern und hoffte auf eine Vergiftung, damit ich abends nicht auf die Bühne müsste. Leider oder zum Glück traf ich nie eine schlechte Auster und musste jede Premiere spielen.

Nachdem die Dreharbeiten in der Bretagne zu Ende waren, fuhren wir weiter nach Paris. Von Matthias Schweighöfer und Marcus Goller habe ich viel gelernt. Matthias sah mich manchmal mit seinen klugen Augen an und sagte: »Na ja, du kannst es besser, noch mal.« Jede Szene wurde so lange gedreht, bis ich den beiden Herren gefiel. Marcus meinte, mein Spiel müsse ihn berühren, dann werden sich auch die Menschen im Kino von dieser alten »Frau Ella« rühren lassen.

Es war eine meiner schwierigsten Arbeiten, aber ich hatte die herzliche Unterstützung der Produktion und aller Mitarbeiter. Jetzt, wo ich das schreibe, spüre ich, dass sie mir alle fehlen.

Während der Drehzeit fühlte ich mich wie so viele alte Frauen, die krank, arm und einsam vor sich hin leben. Keine Verwandten oder Freunde sind ihnen geblieben. Sie haben nur noch rückwärtsgerichtete Träume. Als »Frau Ella« wollte ich zeigen, dass in ihr noch eine innere Neugier, eine Kindlichkeit lebendig geblieben ist, die in dem Moment erwacht, als der junge Mann sie aus dem Krankenhaus entführt und sie den frischen Wind der Jugend wieder spürt. Nur, welcher alten Frau begegnet

so ein entzückender junger Mann wie Matthias Schweighöfer?

Ich träumte noch lange von der Rolle. Als ich schon wie-
der eine ganze Zeit zu Hause war und bewusst in den
Spiegel schaute, war ich entsetzt: Ich sah aus wie »Frau
Ella«, nicht wie ich.

Außerdem hatte ich noch den fünf Zentimeter weißen
Haaransatz, der Rest meiner Haare war etwas orange.
Nein, bei aller Liebe zu meinem Alter. Das geht nicht!
Farbe drauf, durchatmen … Nun bin ich wieder die Ruth.
Natürlich steht es in den Sternen, ob ich jemals wieder
eine Rolle spielen werde. Diesen Wunsch habe ich wieder
einmal losgelassen.

Meine Zeit ist mir sehr wertvoll. Die Jahre, die mir vielleicht bleiben, will ich dazu nutzen, mich weiterzuentwi-
ckeln, immer mehr Wünsche loszulassen und mich auf
meine Heimkehr vorzubereiten. Ich sage nicht Tod. Obwohl mein Körper der lebendige Tempel Gottes ist, ist er
vor allem der Tempel für meine unsterbliche Seele. Den
Körper lasse ich hier, doch meine Seele, mein unsterbli-
cher Geist geht weiter und entwickelt sich auf der geistigen Ebene, in die ich heimkehren werde.

Das Leben lehrt uns immer wieder Dinge, Menschen,
Ereignisse loszulassen. Das ist eine der schwersten, aber
effektvollsten Übungen, wenn man es wirklich schafft,
an nichts mehr zu haften und trotzdem das Leben zu lieben.

Ich glaube nicht, dass wir dort im Himmel besonders
frohlocken und Manna trinken. Wäre ja auf die Dauer

langweilig. Wahrscheinlich werden wir auf unser Leben herabsehen und erkennen, warum wir es genau so und nicht anders gelebt haben, welche Erfahrung unsere Seele mitnimmt und welche sie loslässt.

Haben Sie keine Angst vor dem Älterwerden. Die Weisheit, die man sich mit jedem Jahr erwirbt, wiegt die Schmerzen, die man sich altersbedingt zugezogen hat, auf. Man schaut dem Leben der anderen ein bisschen aus der Entfernung zu. Lassen Sie sie nur rennen, langsam kommen Sie auch ans Ziel.

Meine goldenen Lebensregeln

❖   Haben Sie Vertrauen in das Leben, dann hat das Leben Vertrauen in Sie.

❖   Seien Sie großherzig, großzügig. Geben Sie immer, was Sie können. Von irgendeiner Seite kommt es zurück.

❖   Seien Sie nicht eifersüchtig auf andere, denen es vermeintlich besser geht.

❖   Versuchen Sie, auch in der Liebe nicht eifersüchtig zu sein.

❖   Man muss nicht immer recht haben, das macht eng und bitter.

❖   Lassen Sie jeden auf seine Weise recht haben, auch wenn Sie anderer Meinung sind.

❖   Wahrhaftig zu sein zahlt sich immer aus, denn Ihre Wahrhaftigkeit macht Sie authentisch.

❖ Meiden Sie Lügen. Ich kenne Menschen, die nicht direkt lügen, aber die Wahrheit verdrehen. Sie glauben am Ende, ihre kleine Verdrehung sei die Wahrheit, doch damit belügen sie sich selbst.

❖ Seien Sie achtsam mit sich und anderen. Ein unachtsames Wort kann töten.

❖ Haben Sie möglichst keine Erwartungshaltung an einen Menschen, eine Situation. Man kann den eigenen Fokus auf ein Ziel richten und beharrlich sein. Aber die größten Enttäuschungen müssen wir hinnehmen, wenn unsere Erwartungen nicht erfüllt werden.

❖ Mit Schuldzuweisungen sollte man sehr vorsichtig umgehen.

❖ Vielleicht sollte man das Wort »Schuld« aus seinem Wortschatz streichen und durch das Wort »Fehler« ersetzen. Fehler sind unsere Lehrmeister.

❖ Sie können einen Menschen nicht ändern. Aber Sie können Ihre Sicht auf diesen Menschen ändern, ihn so annehmen, wie er ist, dann geschieht meistens das Wunder, dass dieser Mensch einen Wandel erlebt.

❖ Freundschaften sollten Sie pflegen. Sie müssen nicht das Problemgepäck der Freunde tragen, aber Sie können mit ihnen Lösungen für ihre Probleme finden.

❖ Reichtum ist eine Prüfung. Wie gehe ich mit dem Reichtum um? Armut ist ebenso eine Prüfung, wie ertrage ich sie?

❖ Ruhm ist allenfalls auch eine Prüfung. Wie behalte ich noch den Boden der Normalität unter den Füßen?

❖ Seien Sie vorsichtig, wenn Sie jemand anderen beurteilen oder verurteilen. Sie schaden damit meist nur sich selbst.

❖   Wir sollten vor allem nicht vergessen, wir sind auf der Erde, um glücklich zu sein. Vielleicht gelingt es uns auch, andere glücklich zu machen.

Register der Tipps und Anwendungen

154

Quellen der zitierten Textpassagen

Die Quelle für die Gesichtsmassage auf den Seiten 12 bis 15 ist Benita Cantienis Buch »New Faceforming. Das sensationelle Gesichtstraining gegen Falten«. © 2007 Südwest Verlag, München, in der Verlagsgruppe Random House GmbH.

Die Abendgebete auf den Seiten 19 und 20, 136 und 137 stammen aus Baird Spaldings »Das Leben und die Lehren der Meister im Fernen Osten«; abgedruckt mit freundlicher Genehmigung des Schirner Verlags, Darmstadt.

Der Textauszug auf den Seiten 49 bis 52 ist dem Buch von Omraam Mikhael Aivanhov »Die Reinkarnation« entnommen; abgedruckt mit freundlicher Genehmigung der Prosveta Verlags GmbH, Rottweil.

Die Anrufungen auf den Seiten 98 und 99 mit freundlicher Genehmigung von Die Brücke zur Freiheit e.V., Ballenstedter Str. 16b, 10709 Berlin.

Die abgewandelte Bürstenmassage auf den Seiten 122 bis 125 ist dem Flyer »Bürsten in Ausscheidungsrichtung« entnommen; abgedruckt mit freundlicher Genehmigung des Verlags Peter Jentschura, Münster.

Wir danken allen genannten Verlagen für ihr freundliches Entgegenkommen.

© 2013 nymphenburger in der
F. A. Herbig Verlagsbuchhandlung, München.
Alle Rechte vorbehalten.
Schutzumschlag: www.atelier-sanna.com, München
Schutzumschlagfoto: Agnes Forsthuber, Hamburg
Fotos innen: Seiten 109, 113, 114 © Schneider-Press/Erwin Schneider,
München; Seite 147 © 2013 Warner Bros. Entertainment GmbH
Alle anderen: Fotoarchiv Ruth Maria Kubitschek
Satz: EDV-Fotosatz Huber/Verlagsservice G. Pfeifer, Germering
Gesetzt aus: Sabon 11,5pt/15,5pt
Druck und Binden: GGP Media GmbH, Pößneck
ISBN 978-3-485-01423-6

Auch als

www.nymphenburger-verlag.de

Verjüngende Atemmeditation von und mit Ruth Maria Kubitschek

Wir können in der Meditation, in der Stille unseres Bewusstseins, Schale für Schale, Schicht für Schicht in unseren Zellerinnerungen abtragen, unsere Zellen säubern, erneuern und mit neuen fröhlichen, lebensbejahenden Mustern erfüllen.

Ruth Maria Kubitschek meditiert seit 35 Jahren. Auf dieser CD gibt sie ihre Körpermeditation nun weiter und zeigt uns, wie sich durch inneres Stillwerden neue Energien in Körper, Denken, Fühlen und Handeln manifestieren können.

»Ich wünsche Ihnen, dass Sie mit Ihrem Körper in Frieden und Gesundheit leben.«
Ruth Maria Kubitschek

Ruth Maria Kubitschek
Den Körper befreien (CD)
Gesprochen von der Autorin, 1 CD, ISBN 978-3-7844-4264-8

LangenMüller | Hörbuch   www.langen-mueller-verlag.de

Bücher von Ruth Maria Kubitschek

Sterne über der Wüste
160 Seiten, ISBN 978-3-7844-3274-8, Langen*Müller*

Der indische Ring
192 Seiten, ISBN 978-3-485-01082-5

Im Fluss des Lebens
296 Seiten, ISBN 978-3-7844-3154-3, Langen*Müller*
Hörbuch: 5 CDs, ISBN 978-3-7844-4182-5, Langen*Müller* | **Hörbuch**

Das Wunder der Liebe
280 Seiten, ISBN 978-3-485-01023-8

Ein Abend mit Ruth Maria Kubitschek (CD)
1 CD, ISBN 978-3-7844-4114-6, Langen*Müller* | **Hörbuch**

Der Troll in meinem Garten
80 Seiten mit farb. Illustrationen, ISBN 978-3-485-00904-1

Im Garten der Aphrodite
224 Seiten, ISBN 978-3-485-00797-9

Das Flüstern Pans
240 Seiten, ISBN 978-3-485-00851-8

Immer verbunden mit den Sternen
280 Seiten, ISBN 978-3-485-00667-5

Engel, Elfen, Erdgeister
64 Seiten mit farb. Illustrationen, ISBN 978-3-485-00607-1

Wenn auf der Welt immer Weihnachten wäre …
72 Seiten mit farb. Illustrationen, ISBN 978-3-485-00720-7

nymphenburger   www.nymphenburger-verlag.de